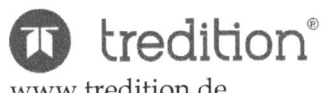
www.tredition.de

Roland Lampe

„Dennoch, das Haus bezauberte mich …"

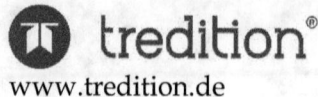
www.tredition.de

© 2017 Roland Lampe

Verlag und Druck: tredition GmbH, Hamburg

ISBN
Paperback: 978-3-7439-5033-7
Hardcover: 978-3-7439-5034-4
e-Book: 978-3-7439-5035-1

Das Werk, einschließlich seiner Teile, ist urheberrechtlich geschützt. Jede Verwertung ist ohne Zustimmung des Verlages und des Autors unzulässig. Dies gilt insbesondere für die elektronische oder sonstige Vervielfältigung, Übersetzung, Verbreitung und öffentliche Zugänglichmachung.

Umschlagfotos: R. Lampe

Inhalt

Vorbemerkung	6
Auf den Spuren	8
Anhang	108
Quellen und weiterführende Literatur	109
Nachbemerkung	110
Verzeichnis der Autoren	112

Vorbemerkung

„Dennoch, das Haus bezauberte mich ...", schrieb Elfriede Brüning in ihren Erinnerungen „Und außerdem war es mein Leben" 1994 und meinte damit die Villa in der Friedensallee in Birkenwerder, im Ort auch „Glaspalast" genannt, die sie mit ihren Eltern und ihrer Tochter von 1949 bis 1953 bewohnte.
In Zühlsdorf besaß die Schriftstellerin bis in die 1980er Jahre ein Grundstück, über ein Arbeiterstudentenwohnheim in Hohen Neuendorf schrieb sie 1948 für die Zeitschrift „Deutschlands Stimme" eine Reportage und 1953 recherchierte sie in einem Betrieb in Hennigsdorf für ihren Roman „Regine Haberkorn", der 1955 erschien und kontroverse Diskussionen auslöste.
Elfriede Brüning ist nicht die einzige Autorin, die in Oberhavel ihre Spuren hinterließ, auch wenn sie nicht immer so zahlreich und nachweisbar sind wie in ihrem Fall.
Viele Schriftsteller lebten oder leben hier, wurden hier geboren, starben hier oder machten für kurze Zeit Station.
Bekannte Namen wie Manfred Krug, der in Hennigsdorf aufwuchs, Uwe Greßmann und Alfred O. Schwede in Hohen Neuendorf und Christian Morgenstern, der in Birkenwerder eine Kur absolvierte, sind darunter, aber auch Namen, die heute kaum noch jemand kennt.
Gegenwartsautoren mit Oberhavel-Bezug sind u. a. Volker Braun, der in Schildow lebt, Jürgen Rennert, Friedrich Dieckmann, Kurt Drawert und Gert Neumann.
Im Anhang ist ein Brief von Franz Fühmann an den Hohen Neuendorfer Schriftsteller Wilm Weinstock abgedruckt, der hier zum ersten Mal veröffentlicht wird.
Auf Grund der Vielzahl von Autoren habe ich mich entschlossen, das Gebiet zweizuteilen: ein Teil („Da lag er vor uns, der buchtenreiche See ...") umfasst das nördliche Oberhavel, und der Teil, der hier vorliegt, das südliche mit Hennigsdorf, Hohen Neu-

endorf, Birkenwerder und dem Mühlenbecker Land, heutzutage auch „Speckgürtel" von Berlin genannt.

Ein drittes Buch („"… kehrte ich bei Hempel ein'") erscheint zeitgleich und stellt, in zweiter Auflage, die Autoren der Kreisstadt Oranienburg vor.

Auf den Spuren

Manfred Krug (1937-2016), der populäre Sänger, Schauspieler („Spur der Steine", Kinofilm 1966, „Der Blaue" 1994) und Seriendarsteller („Daniel Druskat" 1976, „Liebling Kreuzberg", „Tatort"), schrieb auch Bücher und Liedtexte. Seine Kindheit verbrachte er – mit Unterbrechungen – sechs Jahre lang in Hennigsdorf.

Krug wurde in Duisburg im Ruhrgebiet geboren. Sein Vater war Eisenhütteningenieur und arbeitete bei der Firma Thyssen als Schmelzer im Stahlwerk. Nach einem Zwischenstopp in Osnabrück zog die Familie 1940 nach Hennigsdorf, wo der Vater eine Anstellung als Oberingenieur im Stahlwerk erhielt.

In seinem Erinnerungsbuch „Mein schönes Leben" von 2003 kann sich Manfred Krug noch genau an diese Zeit erinnern, obwohl er damals erst vier Jahre alt war. „Wir ziehen ins Parterre eines dreistöckigen Hauses in einem neu gebauten Straßenzug. Alle Familien, die dort wohnen, bekommen zur Wohnung ein sandiges Gärtchen. Mein Vater baut einen Zaun drum herum, dahinter einen Hühnerstall, und für die Söhne einen neuen Sandkasten. Ein paar Schritte weiter fängt schon der Kiefernwald an."

Die genaue Adresse lautete Marwitzer Straße 50, die Häuser waren für die Arbeiter und Angestellten des Stahlwerks gebaut worden und stehen heute noch.

Auch die Wohnung hat der Autobiograph noch vor Augen, in der es „die Küche, ein Schlafzimmer für die Eltern, ein Wohnzimmer, in dem nicht gewohnt wird und das mein Vater Herrenzimmer nennt, und ein Bad" gab. Das Beste für die Kinder aber (Manfred Krug hatte einen zwei Jahre jüngeren Bruder): Sie besaßen ein Zimmer für sich.

In seinem Buch erzählt er „in hundert Geschichten" (Klappentext) und mit dem für ihn typischen trockenen Humor u. a. von der Zeit im Kindergarten, wo er von Nonnen „erzogen" wurde

(„Nonnen können sehr wütend werden. Sie haben nur besondere Kleider an, sonst sind sie so ähnlich wie andere Frauen."), von der Einschulung („Alle, die schon sechs Jahre sind, freuen sich auf die Einschulung, bloß ich nicht, denn wir haben eine Schule für Jungen und eine für Mädchen."), von den Streichen mit seinem Freund Udo Kuffel, der in der Hausnummer 51 gegenüber wohnte, und von seinen Eltern Alma und Rudolf Krug, „hinter dem die Frauen her waren, wie er hinter den Frauen."
Seine wichtigste Bezugsperson aber war seine Oma Lisa aus Duisburg. „Ach, wenn sie doch in Hennigsdorf wohnen würde. Dann wäre sie in meiner Nähe, Oma Lisa, die schönste und zärtlichste Frau meines Lebens." Wenn sie nicht gewesen wäre, hätte es den Schauspieler Krug nicht gegeben, bekannte er 2003 in einem Interview.
Fasziniert war der Junge vom Arbeitsplatz des Vaters im Stahlwerk, an dem er ihn besuchen durfte. „Dort ist ein Kran, der über die ganze Halle reicht. An dem Kran hängt ein Eimer, so groß wie ein Haus, und der Eimer ist gefüllt mit flüssigem Eisen. Überall fliegen Funken, man klettert über Berge von Dreck, es raucht und stinkt, und alle Männer sind naß vom Schweiß, auch mein Vater."
Der Siebenjährige bekam auch mit, dass Zwangsarbeiter in den Stahl- und Walzwerken und in der AEG arbeiten mussten: „Gefangene Russen und Polen und Franzosen haben wir schon gesehen, wie sie ins Stahlwerk marschiert sind, die meisten in gestreiften Jacken, es sah aus, als liefen sie im Schlafanzug die Straße entlang."

Die 1917 gegründeten Mitteldeutschen Stahl- und Walzwerke, neben der AEG (Allgemeine Elektricitäts-Gesellschaft), in der Flugzeuge und Lokomotiven gebaut wurden, einer der beiden großen Betriebe in der Stadt, gehörten seit 1931 zum Flick-Konzern (Friedrich Flick KG). Hennigsdorf hatte 1940 ca. 13.000 Einwohner und war ein bedeutender Industriestandort vor den Toren Berlins. („Hennigsdorf heißt zwar Dorf, ist aber keins." M. Krug)

Oft gab es nun Fliegeralarm. („Manchmal ziehen am hellichten Tag ganze Verbände von feindlichen Flugzeugen über den Himmel.") Von den Bombenabwürfen war nicht nur das nahe Berlin, sondern auch Hennigsdorf betroffen. 1944 lag das Stahlwerk in Trümmern.
Nachdem er in den ersten Kriegsjahren noch als kriegswichtig gegolten hatte, wurde der Vater eingezogen. „Es ist soweit, mein Vater muß in den Krieg ziehen. Er sieht grau aus, so grau wie die Winterjoppe und der große Koffer, den er mit einem Lederriemen umschnürt hat."
Krug selbst wurde kurz vor Kriegsende „aus Furcht vor den Russen" zu seiner Oma Lisa nach Duisburg geschickt.
Nach einem schweren Bombenangriff auf die Ruhrgebietsstadt ordnete seine Mutter die sofortige Rückkehr nach Hennigsdorf an. Er unternahm beide Zugreisen allein, trotz seines Alters und der kriegsbedingten chaotischen Verhältnisse. In Hennigsdorf erlebte er das Kriegsende. „Mit dem Fliegeralarm ist es vorbei. Keine Bomben mehr. Alle warten auf die Russen. In den Fenstern hängen weiße Tücher."
Der Vater blieb im Krieg unverletzt, setzte sich jedoch in die britische Zone ab, wo er in Gefangenschaft geriet. „Mein Vater hatte Glück, ohne Verwundung ist er durchgekommen, Krieg und Gefangenschaft haben für ihn nur anderthalb Jahre gedauert."
Aufgrund der „kargen Verhältnisse" kam der Junge (und später sein Bruder Roger) erneut zur Oma nach Duisburg. Im Stadtteil Duissern verbrachte er die ersten Nachkriegsjahre und ging dort zur Volksschule.
Nach der Heimkehr aus der Gefangenschaft und erfolgloser Arbeitssuche beschloss Krugs Vater die Rückkehr mit beiden Söhnen nach Hennigsdorf. Seine Frau hatte aber inzwischen einen anderen Mann kennengelernt. Die Scheidung war die Folge, die Kinder wurden getrennt, der neunjährige Manfred blieb beim Vater.

Im Dezember 1949 zogen Vater und Sohn von Duisburg in die neu gegründete DDR, zunächst nach Leipzig. Ab 1951 absolvierte Krug eine Lehre zum Stahlschmelzer im Stahl- und Walzwerk in Brandenburg an der Havel, dessen Leiter der Vater geworden war. (Dort befindet sich heute ein Industriemuseum.) Während dieser Zeit erwarb er das Abitur an der Abendschule.
Anschließend bewarb er sich für ein Studium an der Staatlichen Schauspielschule in Berlin.
„Mein schönes Leben" endet mit seiner erfolgreich bestandenen Aufnahmeprüfung im Sommer 1954, da war er siebzehn Jahre alt. „Sofort stelle ich meinen Vater vor die Tatsache, daß die Ahnenreihe von Stahlkochern abreißt. Endgültig."
Der geplante zweite Teil der Erinnerungen, in dem er von seiner „Karriere" berichten wollte, ist nicht zustande gekommen – es sei denn, dass man das „MK Bilderbuch", einen stattlichen Band mit Fotos und mit Texten von Manfred Krug, erschienen 2012, an seine Stelle setzt.
Ein Erinnerungsbuch anderer Art ist „Abgehauen" (1996), das von einem nur kurzen, aber wichtigen, vielleicht dem wichtigsten Abschnitt in Krugs Biographie handelt, seiner Übersiedlung in die BRD 1977.
Nachdem er Ende 1976 neben anderen Künstlern den Protest gegen die Ausbürgerung des Liedermachers Wolf Biermann unterschrieben hatte, erhielt er ein Teilberufsverbot. Filmangebote blieben aus und Konzerte wurden abgesagt. Am 19. April 1977 stellte er einen Ausreiseantrag im Rathaus Pankow (das war der Stadtbezirk, in dem er wohnte), der ungewöhnlich schnell genehmigt wurde, so dass er bereits am 20. Juni 1977 nach West-Berlin ausreisen konnte.
„Abgehauen" besteht aus drei Teilen, einem heimlichen Mitschnitt eines Gesprächs – man nannte das damals „Aussprache" – zwischen elf DDR-Künstlern und dem SED-Politbüromitglied Werner Lamberz 1976 in Krugs Haus in Niederschönhausen, aus dem Tagebuch, das Manfred Krug in der Zeit zwischen dem Stel-

len des „Antrags auf Ausreise aus der DDR in die BRD" und dem Tag der Genehmigung führte, und aus einer „Akte des Verrats"; das sind Berichte, in denen die Staatssicherheit seine letzten Stunden in der DDR dokumentierte.

„Abgehauen" wurde 1998 unter der Regie von Frank Beyer unter dem gleichnamigen Titel verfilmt.

2008 erschien der schmale Band „Schweinegezadder", Untertitel „Schöne Geschichten". In den neun Kurzgeschichten, in denen sich Krug als handfester und pointierter Erzähler erweist, „geht es um Sachen, die in Deutschland Ost und West passiert sind oder hätten passiert sein können. Und wer sollte sich dort wie hier besser auskennen, als ein sowohl Hübiger wie auch Drübiger …"

Von allen drei Büchern – „Abgehauen", „Mein schönes Leben" und „Schweinegezadder" – gibt es Hörbücher, die der Autor selbst besprach.

Manfred Krug war auch Lyriker, unter dem Pseudonym Clemens Kerber verfasste er in den 1960er und 70er Jahren die Texte für seine von Günther Fischer vertonten Lieder. Sie sind auf den Langspielplatten „Das war nur ein Moment" (1971), „Ein Hauch von Frühling" (1972) und „Du bist heute wie neu" (1976) zu finden.

Eine besondere Freundschaft verband ihn mit dem Schriftsteller Jurek Becker, den er seit 1956 kannte. („Liebe auf den ersten Blick.") Mit ihm lebte er von 1959 bis 1962 in einer Wohngemeinschaft in der Cantianstraße im Berliner Stadtbezirk Prenzlauer Berg.

Jurek Becker schrieb die Drehbücher zu den ersten drei Staffeln und der fünften Staffel der erfolgreichen Fernsehserie „Liebling Kreuzberg" – sie lief von 1986 bis 1998 – mit Manfred Krug als Anwalt Robert Liebling in der Hauptrolle.

Ein Abbild dieser Freundschaft ist das Buch „Jurek Beckers Neuigkeiten an Manfred Krug & Otti" (1997) mit Reproduktionen der Postkarten, die Becker an Krug und dessen Frau Ottilie sandte.

Ein anderes Buch, das Hennigsdorf zum Schauplatz hat, ist der Roman „Der Weg der Brüder Reber" von **Jakob Weber**. Es schildert die Streikbewegung der Arbeiter in Berlin und Hennigsdorf von 1916 bis 1920.

Weber wurde 1892 in Köln-Mülheim geboren. Er wuchs in einer Kölner Arbeiterfamilie auf und absolvierte eine Schlosserlehre. 1910 wurde er Mitglied des Deutschen Metallarbeiterverbandes. 1914/15 war er Soldat im Ersten Weltkrieg.

1917 ging er nach Berlin und begann als Flugzeugmonteur in der AEG Hennigsdorf zu arbeiten. Im Januar 1918 nahm er in Berlin am Munitionsarbeiterstreik und anschließend aktiv an der Novemberrevolution teil. Er war im Dezember des gleichen Jahres Teilnehmer des Gründungsparteitages der KPD und im März 1920 Mitglied des Aktionsausschusses gegen den Kapp-Putsch.

Weber wurde Funktionär der KPD und gehörte der Bezirksleitung Berlin-Brandenburg an. Er leitete seit 1926 die Arbeiterkorrespondenten-Bewegung der Parteizeitung „Die Rote Fahne" und war seit 1928 Mitglied des Bundes proletarisch-revolutionärer Schriftsteller.

Unter der Diktatur der Nationalsozialisten wurde er mehrfach festgenommen und im Mai 1936 vom Kammergericht Berlin zu zwei Jahren Zuchthaus verurteilt. Nach seiner Freilassung Ende 1937 arbeitete er unter Polizeiaufsicht bis zum Ende der NS-Zeit als Angestellter.

Am 22. April 1945, kurz vor Kriegsende, wurde er von der einmarschierenden Roten Armee zum Bürgermeister der Gemeinden Wilhelmshagen und Rahnsdorf östlich von Berlin ernannt. Nach seiner Absetzung Ende 1946 lebte er als freischaffender Schriftsteller in Wilhelmshagen. Er war auch Funktionär im Schriftstellerverband der DDR.

Bei seinem Ersterscheinen 1960 trug der Roman Jakob Webers noch den programmatischen Titel „Trotz alledem. Aus den Revolutionstagen 1918/19", erst mit der zweiten überarbeiteten Auflage 1970 lautete er „Der Weg der Brüder Reber". Vermutlich liegt der Grund für die Titeländerung darin, dass er zunächst als Dokumentation gedacht war und der Autor das Zeitgeschehen so historisch genau wie möglich – aus marxistisch-leninistischer Sicht – darstellen wollte.

Im Vorwort von 1960 liest sich das jedenfalls so: „Der Autor möchte erklären, dass es nicht seine Absicht war, ein wissenschaftliches Werk zu schreiben. Dennoch ist nur weniges in dieser Arbeit schriftstellerische Erfindung. Einen großen Teil des Aufgezeichneten hat er selbst erlebt. Für die wahrheitsgetreue Darstellung der Kämpfe innerhalb der AEG-Betriebe und vieler wesentlicher Einzelheiten hat er sich mit rund dreißig Kampfgefährten beraten. Für die Darstellung der allgemeinen historischen Zusammenhänge wurden sehr viele Dokumente, wie Zeitungszitate, Flugblätter, Aufrufe usw., verwendet. Die historisch getreue Darstellung aller wesentlichen wirtschaftlichen, politischen, militärischen und gewerkschaftlichen Fakten ist nach zweimaliger Beratung durch das Institut für Marxismus-Leninismus sehr sorgfältig geprüft worden."

Bei der Umarbeitung konzentrierte er sich nun auf die lebendigere Zeichnung der Figuren, hauptsächlich die der beiden Hauptfiguren, der Brüder Heinrich und Josef Reber, die im AEG Hennigsdorf im Flugzeugbau arbeiten. Außerdem fand er für die vielen historischen Aktionen und Situationen erzählerische Lösungen, anstatt sie lediglich zu dokumentieren, für die große Antikriegsdemonstration vom 1. Mai 1916 auf dem Potsdamer Platz in Berlin zum Beispiel, für den Generalstreik im Januar/Februar 1918 („Januarstreiks") und für die Tage der Novemberrevolution 1918 schließlich.

Geschlossen legten am 9. November 1918 die ca. 10.000 Arbeiter und Angestellten der AEG in Hennigsdorf die Arbeit nieder. Siebzig Prozent der Belegschaft marschierte zunächst nach Schulzendorf bei Berlin und von dort zur Berliner Innenstadt weiter. „An der Einmündung der Straße nach Heiligensee und

Tegel vereinigte sich der Zug mit den Arbeitern des Stahlwerkes, dessen mächtige Schlote sich hinter dem Dorf hochreckten", schildert Weber die Situation. „Nahe am Bahnhof Schulzendorf lag ein Gartenrestaurant. Die Einfriedung vermochte die vielen Tausende kaum zu fassen …" In Berlin-Mitte erhielten die Hennigsdorfer Demonstranten Waffen und nahmen an der Massenkundgebung im Berliner Lustgarten teil, auf der Karl Liebknecht die sozialistische Republik ausrief.

Sehr anschaulich erzählt der Autor auch von den Folgen einer Explosion in der Munitionsfabrik in Hennigsdorf am 4.8.1917. „In den frühen Morgenstunden eines klaren Augusttages geschah etwas, das die Berliner Bevölkerung das Grauen des Krieges unmittelbar spüren ließ. Lang anhaltendes Donnern war in der Hauptstadt zu hören. Es kam von Norden her. Gerüchte wie ‚Explosion in Hennigsdorf!' – ‚Hundert Tote!' verursachten eine Panikstimmung. Die Telefonverbindung nach Hennigsdorf war unterbrochen.

Um sieben Uhr, in den Minuten des Schichtwechsels, war in der Munitionsfabrik, die in unmittelbarer Nähe des Stahlwerks und der Ortschaft lag, beim Verladen eine Kiste mit Munition zur Erde gefallen. Leicht entzündbares Material und die gefüllten Geschosse lagerten so dicht beieinander, daß die Explosion sich augenblicklich fortpflanzte.

In wilder Panik stob alles, was noch fliehen konnte, in Arbeits- oder Straßenkleidung davon. Die Schmerzensschreie der Getroffenen, die Schreckensrufe der entsetzten Frauen, das Stöhnen der Sterbenden mischte sich in das Getöse der Explosionen, das schnell anwuchs.

Schon nach Minuten standen die nächsten Lagerbaracken in hellem Brand. Hohe, von Pulverrauch umschwelte Stichflammen züngelten himmelan. Wie Trommelfeuer schwerer Artillerie übertönte das unheimliche Bersten der Stahlkörper und das dumpfe Grollen des nachhallenden Donners alles andere.

Die Belegschaft des Stahlwerkes hatte, durch die ersten stärkeren Detonationen gewarnt, gerade den Betrieb verlassen, da hob der Druck einer ungeheuren Explosion das Dach der zunächst liegenden hohen Halle aus den Angeln; die Trümmer stürzten in die Werkstatt hinab.

Die fortstürmenden Flüchtenden füllten die Straßen des Dorfes, strebten den Bahngleisen oder der Landstraße zu, die nach Spandau führte. Mit ihnen flohen die Einwohner der Gemeinde, halbbekleidete Kinder tragend oder mit sich zerrend. Denn die Häuser boten keinen Schutz; ganze Wände wurden eingedrückt, Türen und Fenster zerrissen; die Straßen waren mit Glassplittern bedeckt.

Plötzlich wurden die Fliehenden durch gellende Rufe gewarnt, nicht in Richtung Nieder Neuendorf weiterzulaufen. Dort befand sich nahe der Straße ein getarnter Pulverschuppen der Spandauer Munitionsfabriken, der durch Geschosse oder Splitter leicht in die Luft gejagt werden konnte. Viele sonderten sich ab, um querfeldein nach Schönwalde zu gelangen, das an der Straße nach Falkensee liegt. Die Mehrzahl achtete jedoch auf die Mahnungen nicht und eilte weiter geradeaus."

Weitere Bücher von Jakob Weber sind „Der Unbeugsame. Erinnerungen an Otto Franke" (1954) – Otto Franke war ein KPD-Funktionär und enger Mitarbeiter Karl Liebknechts – und der Geschichtsband „Drei Dörfer in Berlin (1973), den er gemeinsam mit seiner Frau Friedel Weber verfasste. 1979 starb er nach langer Krankheit im Alter von 87 Jahren in Berlin.

Der Begriff Oberhavel existiert erst seit kürzerer Zeit, der Landkreis entstand im Ergebnis der brandenburgischen Kreisreform 1993 durch Zusammenlegung der ehemaligen Kreise Gransee und Oranienburg. Die historischen Landschaften, an denen er Anteil hat, sind im Norden Mecklenburg mit dem Fürstenberger Werder, im Nordosten und Osten die Uckermark, im Südosten der Barnim, im Südwesten das Havelland sowie im Westen und Nordwesten das Ruppiner Land. Im mittleren Teil liegt das historische Land Löwenberg. Im Süden grenzt der Landkreis an Berlin. Der obere Flusslauf der Havel ist namensgebend und durchfließt ihn von Norden nach Süden.

Der Lyriker **Uwe Greßmann** (1933-1969) verlebte, oder soll man besser sagen: verbrachte, erlitt, seine Kindheit bei Pflegeeltern, in Waisenhäusern und in Kinderheimen. Von 1940 bis 1942 war er auch in einem Heim in Hohen Neuendorf.
Erst spät, zu Beginn der 1960er Jahre, erschienen seine ersten Verse, 1961/62 in der Zeitschrift „Neue Deutsche Literatur" und 1963 in der Anthologie „Auftakt". 1966 folgte der erste eigene Gedichtband: „Der Vogel Frühling" im Mitteldeutschen Verlag. Gestandene Kollegen wie Franz Fühmann, Karl Mickel und Adolf Endler erkannten und förderten sein Talent. Stephan Hermlin schrieb (1974) über ihn: „Mit einigen seiner Gedichte kann ich nichts anfangen, viele gefallen mir, manche sind wundervoll."
Er war ein Dichter, wie er im Buche steht, unablässig, ja fast schon besessen nachsinnend und produzierend, das „Äußere": Wohnung – er hauste jahrelang in einer schmalen Kammer – und Kleidung vernachlässigend, das „Innere", Krankheit und Einsamkeit, sublimierend.
Seine Gedichte sind voller Phantasmen, Symbole und Allegorien, die Firma heißt „Irma", Straßenbahnen sind „elektrische Tiere", und in dem Gedicht „Des Lebens Fahrt" vergleicht er „die kleinen Freuden" mit Fahrgästen in der Bahn, die „dich begleiten". („Du siehst sie oft gar nicht sitzen,/Die einander geneigt sind,/Kopf an Kopf,/Sich in Worten widerspiegeln,/Schwarzen Fensterscheiben/Eines Tunnels,/Wo sie nicht merken,/Wie man ihre Schönheit bewundern kann." Sogar an einer „Faust"-Dichtung versuchte er sich.
Greßmann, der in Berlin-Wedding in der Tegeler Straße geboren wurde, kannte seinen Vater nicht, zur Mutter hatte er ein schwieriges Verhältnis. „Meine Mutter war/Eine Rose", heißt es in dem Gedicht „Sagenhafte Eltern". „Von Dornen hatte/Ich eine Wiege;/Und verwelkte."

Mit einer Anfrage an die Amtsvormundschaft Wedding unternahm er 1955 den Versuch, seine Kindheit zu rekonstruieren. Da war er 22 Jahre alt und lebte inzwischen in Berlin-Pankow.
Die Behörde antwortete schriftlich: „Ihre Mutter war nach der Entbindung jahrelang nervenkrank und konnte Sie deswegen nicht zu sich nehmen. Sie kamen am 21.11.1933 zu Frau Kiesel. Am 21.11.1939 vergiftete Frau Kiesel sich durch Gas und Sie kamen ins Waisenhaus."
Nachdem der Junge von dort aus auf Grund seines schwächlichen Zustandes in ein Kinderheim verschickt worden war, brachte man ihn am 15. März 1940 wieder zur Mutter, „aber schon nach 10 Tagen erschien sie auf dem Jugendamt und erklärte, es ginge mit Ihnen nicht, weil Sie sich mit den Geschwistern nicht vertrügen und es dauernd Streit gäbe. Trotz guten Zuredens der Fürsorgerin, sie möchte doch etwas Geduld haben, war sie nicht zu bewegen, Sie wieder mitzunehmen", heißt es in dem Behörden-Brief. „Sie selber baten die Mutter unter Schluchzen, sie möge Sie doch wieder nach Hause nehmen, aber alles war umsonst. Sie kamen daher wieder ins Waisenhaus und von dort ins Kinderheim in Hohen Neuendorf bei Berlin."
In dem Text „Geschichte meiner selbst" aus dem Nachlass erinnert Greßmann die Zeit in Hohen Neuendorf. „Im Kinderheim. Hier, ich war damals etwa sieben, sah ich die Zeit, wie sie ihre Kinder erzog. Sie hatte ein Kinderheim zu einer Art Kasernenhof gemacht. Pimpfe, die ihre Anstalt mitleiteten, drillten die in Gruppen eingeteilten Kinder und jagten: auf! nieder! marsch! marsch! links um! rechts um! ein Lied!"
Wenigstens die Erzieherinnen „mühten sich, den Kommandoton zu mildern", so dass der Junge „mit einer gewissen Sehnsucht zu ihnen aufsah, in der Hoffnung, wenigstens von ihnen ein freundliches Wort zu hören." Aber sobald sie einmal frei hatten, „konnten die Pimpfe wieder ihre Laune an uns auslassen, da war es die Hölle.

Und kratzte sich einer am Kopf, weil es ihn juckte, schrie auch schon ein anderer, der sich lieb Kind machen wollte: ‚Arno, der hat dir einen Vogel gezeigt.' Und Arno zerrte den so Verratenen auf die Bank und bearbeitete ihn mit dem Koppel."

„Was aber sollte aus solchen Kindern werden, die schon von klein auf so im Sinn des Faschismus verroht wurden?", fragt Greßmann im Nachhinein. „Indianerspiele mit haßverzerrten Gesichtern deuteten ebenso darauf hin wie gewisse Versteckspiele, die mit ‚Haussuchung' und ‚Aufmachen!' endeten. Und wie vielen bedeutete das Tod und Verschleppung, wo man aus diesem Spiel Ernst machte?"

In welchem Kinderheim in Hohen Neuendorf Uwe Greßmann untergebracht war, es gab damals zwei, lässt sich heute nicht mehr ermitteln, vermutlich in dem so genannten „Notkinderheim" der Stadt Berlin, das 1939 in den Räumen der damaligen Jugendherberge eingerichtet worden war. Anfang 1942 kam er wieder zu Pflegeeltern.

In den 1950er Jahren arbeitete er als Montierer und Bote bei der HO (Handelsorganisation) Gaststätten Berlin-Mitte. Er galt als Einzelgänger, die Kinder auf der Straße machten sich über ihn lustig. Ein Schriftstellerkollege beschrieb ihn so: „Ein Mensch ungefähr Mitte Zwanzig, dabei eher ältlich als jung wirkend, groß und unbeschreiblich dürr, mit langem, anliegendem, nach hinten gekämmtem strähnigem braunem Haar, das ständig nach den Seiten runterfiel, eine Art Gasmaskenbrille im eckig gelblichen Gesicht, anachronistischen grünen Lodenmantel, der fast bis auf die Knöchel reichte, zugeknöpft von oben bis unten, und dicksohligen Schweinslederkähnen."

Nachdem er als Dichter bekannt geworden war und gefördert wurde, konnte er sogar als freischaffender Schriftsteller arbeiten. Und er bekam zum ersten Mal (1968) eine „richtige" Wohnung zugewiesen, in der Gaillardstraße in Berlin-Pankow. Doch bewohnt hat er sie nicht mehr, 1969 starb er an der Krankheit, an der er seit vielen Jahren litt: Tbc.

1972 bzw. 1978 wurden aus dem Nachlass im Archiv der Akademie der Künste Berlin-Brandenburg die Gedichtbände „Das Sonnenauto" und „Sagenhafte Geschöpfe" herausgegeben. Sehr zu empfehlen ist der Reclam-Band „Lebenskünstler" von 1982, der neben Gedichten und dem „Faust"-Fragment eine Vielzahl von Lebenszeugnissen, darunter auch die Zeit in Hohen Neuendorf betreffend, sowie Fotos und Erinnerungen an den Dichter enthält.

Sein Grab musste er zunächst mit seinem Schwiegervater Wilhelm Hopp teilen; es befand sich auf dem Städtischen Friedhof Pankow II in der Gaillardstraße unweit seiner Wohnung. Mitte der 1990er Jahre wurde seine Urne umgebettet und auf dem Friedhof Pankow III in Schönholz beigesetzt.

Vor dem Einschlafen

Ich bin ein dunkler Raum und sehe schwarz.

Nebenan oder oben wohnt Pochen.
Ich höre ihn manchmal,
Auch Straße, die mit ferner Autostimme brummt.

Und drüben ist noch Licht,
Ein Fleck an der Wand
Schließt sich gleich Lidern.

Müde.

Aus: „Lebenskünstler" 1982

Anfang der 1950er Jahre gab es in Hohen Neuendorf fast so etwas wie eine Dichterkommune. Mehrere Autoren wohnten zur gleichen Zeit oder kurz nacheinander im Haus in der Hermann-Löns-Straße 26 in der Niederheide.

1951 war für die Reputation des Landes ein wichtiges Jahr. Im Sommer fanden in Berlin die III. Weltfestspiele der Jugend und Studenten statt, an deren Vorbereitung und Durchführung auch Schriftsteller beteiligt waren. Der junge Staat DDR kam ihnen in materieller Hinsicht sehr entgegen. Freilich erwartete er auch die entsprechenden ideellen Dienstleistungen, sprich: seine Bejahung in künstlerischer Form.

Der erste Mieter in der Löns-Straße war der Lyriker und spätere Dramatiker **Kurt Barthel**, genannt **Kuba** (1914-1967). Seit wann er dort lebte, ob bereits in den Jahren zuvor oder erst in Zusammenhang mit den Weltfestspielen, ist nicht bekannt, vermutlich letzteres. Tatsache ist, dass er das Haus von der Gemeinde – auf Anweisung von „oben" – zugewiesen bekam.

Möglicherweise schwebte ihm von Anfang an so etwas wie ein „Haus junger Künstler" vor. Obwohl er selbst bald wieder auszog, kamen dank seiner Vermittlung in den folgenden Monaten nach und nach die jungen Schriftstellerkollegen Konrad und Marianne Schmidt, Margarete Neumann und Martin Pohl dort unter. Sie waren ebenfalls in irgendeiner Form an den Weltfestspielen in Berlin beteiligt.

Kuba musste allerdings nicht erst für die DDR und den Sozialismus begeistert werden, voller Tatendrang war er aus dem Exil in England zurückgekehrt, um fortan unter den Autoren im Land eine wichtige, gelegentlich auch unrühmliche Rolle zu spielen.

Geboren wurde Kurt Barthel – Kuba nannte er sich, um nicht mit dem den Nazis nahestehenden Dichter Max Barthel verwechselt zu werden – 1914 als Arbeiterkind in Garnsdorf bei Chemnitz. Wenige Monate nach seiner Geburt fiel sein Vater, ein Eisenbahner, in den ersten Tagen des Ersten Weltkriegs in Frankreich; er

wurde von einem Landsmann, einem „Offiziersburschen", erschossen, der Vorfall wurde nie verfolgt.
Vielleicht erklärt das – und die frühe Arbeitslosigkeit nach der Lehre – Kubas lebenslangen Hass auf alles, was Kapitalismus war oder nach ihm aussah. („Und zeigten wir den Imperialisten trotzdem unsere Zähne, so war es in ohnmächtigem Haß.") Permanent kehrte er den Klassenkämpfer hervor, auch oder gerade in der Literatur.
Manchmal hat man den Eindruck, dass sie für ihn nur eine Waffe gewesen ist.
So betonte er etwa im Nachruf auf seinen Freund und Lehrer Erich Weinert 1953, „dass die Literatur nicht nur eine Sache der Unsterblichkeit, sondern dass sie vor allem ein Werkzeug der direkten Aktion im Kampf um die Befreiung des Proletariats ist."
Und an anderer Stelle bekannte er, dass Weinerts „Gedichte und kommunistische Lieder es im Zusammenhang mit meiner inneren Verfassung dahin brachten, meine unausgenutzte revolutionäre Energie im Lied auszudrücken."
Eine unrühmliche Rolle in der Schriftstellergemeinschaft spielte er deshalb, weil er sich oft lautstark in Szene setzte und die künstlerischen und politischen Ansichten anderer Künstler, die vielleicht etwas weniger dogmatisch waren, nicht gelten ließ.

„Kubas Gedichte sind eine spontane Stellungnahme, besser, Parteinahme innerhalb der großen Weltgeschehnisse, sind Lyrik in Aktion." Georg Maurer

---

Schon früh engagierte sich Kuba politisch. Er gründete in seinem Heimatdorf 1931 eine Gruppe der Sozialistischen Arbeiterjugend (SAJ) und trat 1933 der SPD bei, von deren Ablehnung der Einheitsfront mit der KPD er jedoch enttäuscht war. („Die Kommunistische Partei hat mich bei der Hand genommen ...")
1933 ging er in die Tschechoslowakei ins Exil. Sein wichtigster Förderer dort wurde Louis Fürnberg, der ihn anregte, für die Ar-

beiterpresse Gedichte, Liedertexte, Reportagen und Kurzgeschichten zu schreiben. Zudem leitete er eine der damals populären Laienspielgruppen.

Nach dem Einmarsch der Wehrmacht in Prag 1939 musste er das Land verlassen. Die weiteren Stationen seines Exils waren England und Wales, wo er sich, nachdem er nach Kriegsausbruch bis 1941 wie viele Deutsche in einem Lager interniert war, als Land- und Bauarbeiter durchschlug.

1946 kehrte er nach Berlin zurück und stürzte sich förmlich in die schriftstellerische und politische Arbeit, beides war für ihn auch nach Kriegsende nicht voneinander zu trennen. Er war Mitbegründer der FDJ, Mitglied des Zentralkomitees der SED und Abgeordneter der Volkskammer. Gleichzeitig verfasste er eine Unmenge an Gedichten („Sagen wird man über unsre Tage"), Liedern („Deutsches Wiegenlied"), Poemen („Gedicht vom Menschen" 1948, Nationalpreis 1949 dafür) und lyrischen Reportagen („Osten erglüht" 1954).

> „Wir (wir = debütierende Dichter) standen damals alle unter dem Bann Kubas; er war ein großer Dichter und ein Pfundskerl."
> Franz Fühmann

Von seiner Tätigkeit als Kulturleiter der Maxhütte in Unterwellenborn und seinem Hohen Neuendorfer Intermezzo abgesehen, lebte er bis 1956 in Berlin.

Danach zog es ihn nach Rostock, wo er Chefdramaturg am Volkstheater wurde, sich aber auch als dramatischer Autor versuchte („Legende von Klaus Störtebeker" 1959, „terra incognita" 1964).

Vielleicht kann sich der eine oder andere noch an die Filme „Familie Benthin" (1950), „Vergeßt mir meine Traudel nicht" und vor allem „Schlösser und Katen" (beide 1957) erinnern, für die er die Drehbücher mitschrieb.

Von der zeitgenössischen (sozialistischen) Literaturkritik wurde er als „ausdrucksstarker" Dichter gefeiert und seinen Texten die Prädikate „bildkräftig" und „dynamisch" verliehen; ein Literaturlexikon hob den „kühnen Gedankenflug", die „optimistische Parteilichkeit" und die Versuche, „neue Formen der Volkskunst zu entwickeln", hervor, aber bereits hier (1974) ist zwischen den Zeilen ein Fünkchen Spott herauszulesen.

Heute wirken seine kämpferische Gebärde und sein Pathos entweder befremdlich („Wer wird das Banner der Menschheit erheben,/wer, wenn nicht unsre große Partei!") oder komisch („Schrott und Vergangenheit unter die Ramme/[...]/Heute lacht Brandenburg,/heut fließt der Stahl"), und bei allem Respekt vor seinem Fleiß und seinem gesellschaftlichem Engagement ist die Vielzahl seiner Veröffentlichungen und öffentlichen Ehrungen mit künstlerischer Qualität nicht zu erklären.

Nichtsdestotrotz war er ein anerkannter, erfolgreicher Autor, und es würde lohnen, sich ausführlicher und intensiver mit seinem Leben und Werk zu beschäftigen, allein schon, um die Zeit damals besser zu verstehen.

Seit Ende 1951 wohnten die Schriftsteller und Literaturwissenschaftler **Marianne** (geb. 1929) und **Konrad Schmidt** (1926-1995) in der Hermann-Löns-Straße 26 in Hohen Neuendorf. Bereits im November 1952 zogen sie nach Kleinmachnow im Süden von Berlin weiter.

Trotzdem war es ein wichtiger Lebensabschnitt für sie, sie heirateten im Ort und ihr ältester Sohn (von zwei Söhnen) wurde hier geboren. Und sie führten hier ihren ersten Haushalt.

„Wir alle in dem Häuschen in der Löns-Straße hatten uns durch Gedichte, Liedertexte, Nachdichtungen und Geschichten zu den Weltfestspielen in Berlin erste winzige literarische Sporen verdient", erinnert Marianne Schmidt über sechzig Jahre später. „Als der Dichter Kurt Barthel (Kuba) im Herbst 1951 aus Hohen Neuendorf nach Berlin ziehen konnte, überzeugte er den damaligen

Bürgermeister und vor allem die wichtige Wohnungskommission, das von ihm zur Miete bewohnte Haus uns ‚jungen Autoren' (Margarete Neumann, Martin Pohl, Konrad Schmidt und ich) zuzuweisen.

Warum gerade Hohen Neuendorf? Nun, man darf nicht vergessen, dass Berlin auch sechs Jahre nach dem Krieg noch immer einer nur ein bisschen aufgeräumten Trümmerlandschaft glich. Wohnraum war knapp und kostbar, und natürlich streng bewirtschaftet. Ich wohnte zwar bei meinen Eltern, aber auf eine Zuzugsgenehmigung für meinen Mann hätten wir auch nach der Heirat im Dezember 1951 noch Jahre warten müssen. (Nebenbei: Ohne Zuzugsgenehmigung gab es keine Lebensmittelkarten!) Deshalb entschlossen wir uns, an den Stadtrand zu ziehen. Und da erwies sich natürlich das Angebot aus Hohen Neuendorf als großes Glück. Wir blieben dort bis zum 22.11.1952."

Für Konrad Schmidt, der gerade sein Studium an der Kunstakademie in Dresden und an der Universität in Leipzig abgeschlossen hatte, war es das erste Jahr als freischaffender Schriftsteller. Er arbeitete mit an einem „Lesebuch für unsere Zeit" (herausgegeben von Walther Victor), das dem polnischen Dichter Adam Mickiewicz gewidmet war, und übersetzte dessen Poeme „Konrad Wallenrod" und „Pan Tadeusz".

Später machte er sich als Reiseschriftsteller einen Namen, veröffentlichte u. a. die Bücher „Minarett und Mangobaum" 1959, „Auf der Suche nach Aphrodite" 1962, „Ostern im Heiligen Land" 1969 und „Über Wien nach Österreich" 1977. Viel gelesen wurden auch seine Ostsee-Reportagen: „Entdeckungen auf Rügen und Hiddensee" 1973 und „Neue Entdeckungen auf Rügen und Hiddensee" 1985.

Marianne Schmidt studierte noch bis zum Sommer 1952 in Berlin Germanistik, anschließend begann sie ab September in der Hauptstadt zu arbeiten. „Daher war ich die einzige von uns [den Bewohnern der Löns-Straße], die fast täglich nach Berlin fahren musste. Ich fuhr morgens den weiten Weg von der Niederheide bis zum S-Bahnhof mit einem Fahrrad, das aus mehreren alten zusammen gebastelt war. Nur zu einer Klingel hatte es nicht gereicht. Kam ich in Situationen, in denen man klingeln musste, sagte ich laut und vernehmlich ‚Guten Morgen!'. Das brachte mir den Ruf ein, eine recht freundliche junge Frau zu sein.

Die schönen langen S-Bahnfahrten nutzte ich nicht nur zum Lesen, sondern auch für Nachdichtungen, zum Beispiel für das Buch ‚Literarische Studien' von Jósef Révai, das 1956 erschien.

In Hohen Neuendorf hatten wir einige Freunde in der Nachbarschaft, deren Namen ich nicht mehr weiß, und einen guten Kontakt zu dem Grafiker Kurt Zimmermann, der durch Illustrationen zu Kinder- und Jugendbüchern bekannt geworden ist."

Kurt Zimmermann (1913-1976) illustrierte u. a. die Bücher „Timur und sein Trupp" von Arkadi Gaidar und „Wie der Stahl gehärtet wurde" von Nikolai Ostrowski, seine Frau Gisela Zimmermann (1912-1978) zeichnete für die Comic-Reihe „Mosaik".

„Eine wichtige Rolle spielte übrigens die Havel. Wir besaßen zwar kaum Hausrat, dafür aber eine gebraucht erstandene Fünf-Meter-Wanderjolle, ein Schwertboot, mit dem wir abenteuerliche Fahrten bis zur Müritz unternahmen. Das wurde später von Kleinmachnow aus zu umständlich, denn wer dachte damals schon an ein Auto.

So blieben Hohen Neuendorf, die Havel und unser Boot mit den geflickten Segeln ein Inbegriff unseres ersten Ehejahres."

Seit 1969 bis zu dessen Auflösung 1990 war Marianne Schmidt als Dozentin und stellvertretende Direktorin am Institut für Literatur „Johannes R. Becher" in Leipzig tätig. Sie galt darüber hinaus als die Wolfgang-Borchert-Expertin in der DDR („Wolfgang Borchert. Analysen und Aspekte" 1970) und gab die Gedichte Walter Dehmels (1903-1960) heraus („Großstadtperipherie" 1963), auch ein Randberliner (lebte in Schöneiche) und nicht zu verwechseln mit dem ungleich bekannteren Richard Dehmel, der in Kremmen aufwuchs.

Noch heute ist sie auf vielen literarischen Pfaden unterwegs, leitet seit vielen Jahren eine Schreibwerkstatt in Kleinmachnow, schreibt Rezensionen und Essays, beteiligt sich an Anthologien („Geschichten aus der Streusandbüchse" 2006) und ist Mitglied der internationalen Wolfgang-Borchert-Gesellschaft sowie Ehrenmitglied des Literatur-Kollegiums Brandenburg.

Von wann bis wann **Martin Pohl** in dem Haus in der Löns-Straße 26 wohnte, ist nicht mehr genau zu ermitteln, nach Aussage seiner Tochter **Wera Koseleck** (geb. 1952 in Hohen Neuendorf, veröffentlichte 1989 den Jugendroman „Schafskälte" und 2003 die Gedichte „Mistelgrüne Tinte blieb", lebt heute in Groß Nemerow bei Neubrandenburg) von 1951 bis 1953. Es kann nicht lange gewesen sein, da Margarete Neumann ab 1952 die Räumlichkeiten für sich und ihre Kinder allein benötigte.
Pohl, geboren 1930 als Sohn eines Kaufmanns in Festenberg in Niederschlesien (heute Twardogóra/Polen), kam 1945 nach Berlin. Hier begann er als Volontär in verschiedenen Verlagen (Neues Leben, Aufbau Verlag) zu arbeiten. 1951 wurde er einer von Bertolt Brechts Schülern, der in der Akademie der Künste eine Meisterklasse für Dramaturgen und Regisseure eröffnet hatte, und arbeitete am Berliner Ensemble.
Beste Voraussetzungen für eine DDR-Schriftstellerlaufbahn, 1953 jedoch kam es zum Bruch, als er als Opfer einer Verleumdung politischer Verbrechen gegen die DDR bezichtigt und zu vier Jahren Zuchthaus verurteilt wurde. Nach zwei Jahren kam er auf Brechts Intervention frei und ging nach Westberlin, später in die Schweiz, wo er Theaterstücke inszenierte.
1973 kehrte er nach Berlin (West) zurück, lebte als freier Schriftsteller und veröffentlichte die Gedichtbände „Nah bei dir und mir" 1981, „Memorial" 1986, „Ghaselen aus Twardogóra" 1987 – eine Ghasele oder Gasele ist eine kunstreiche arabisch-persische Gedichtform – und „Gedichte 1950-1995" 1995 sowie die Erzählung „Der Tod des Harlekin" 1982.

Abendlied

Immer, wenn es Abend wird,
Zieht die Herde und ihr Hirt
Nah an mir vorbei.

Immer, wenn es Abend wird,
Lausch ich: eine Kette klirrt
Nah an mir vorbei.

Immer, wenn es Abend wird,
Bin ich selber, der da irrt
Nah an mir vorbei.

Aus: „Nah bei dir und mir" 1981

„Bestimmt zur Theologie, Brecht-Schüler, Schauspieler, Dichter-Vagabund, Gelegenheitsarbeiter und -angestellter", so sah er sich selbst in einer Kurzbiographie. Zeitlebens, besser: zeitschreibens bezog er sich auf Brecht („Die Toten ruhn bei Gott und Brecht."), ist in seinen Liedern, Balladen, Chansons und Sonetten das große Vorbild zu spüren.
1999 zog er nach Neubrandenburg, wo er 2007 starb. Hier erschien 2002 auch sein letztes Buch, „Nur ein Erinnern traumumflort". Begraben liegt er auf dem Friedhof von Groß Nemerow, sein Nachlass befindet sich im Literaturarchiv im Brigitte-Reimann-Haus in Neubrandenburg.

Ende 1951 bekam das Haus in der Hermann-Löns-Straße 26 in der Hohen Neuendorfer Niederheide gleich vier neue Bewohner. Die Schriftstellerin **Margarete Neumann** (1917-2002) zog mit ihren drei Kindern Dorothee, Gert (Gerhard) und Jürgen hier ein; Wera, die jüngste Tochter, wurde erst 1952 geboren.

Freilich war sie damals noch keine Schriftstellerin, jedenfalls keine, die etwas veröffentlicht hatte.

Geboren wurde Margarete Neumann 1917 in Pyritz in Pommern (heute Pyrzyce/Polen). Der Vater war Koch, die Mutter Buchhalterin. Nach dem Besuch des Lyzeums studierte sie ab 1934 am sozialpädagogischen Seminar in Königsberg (Kaliningrad). 1939 machte sie das Staatsexamen als Jugendfürsorgerin und arbeitete bis 1945 als Abteilungsleiterin für Wohlfahrtspflege in Heilsberg in Ostpreußen (heute Lidzbark Warminski/Polen).

1945 fiel der Mann (und Vater der drei Kinder) in den letzten Kriegstagen. Die Familie flüchtete zunächst nach Bayern, 1946 erfolgte die Umsiedlung nach Mecklenburg, wo Margarete Neumann bei Friedland eine Neubauernstelle erhielt. 1949 zog sie nach Halle/Saale, erlernte den Beruf einer Leichtmetall-Schweißerin und war als Mitarbeiterin der Landesleitung Halle des DFD (Demokratischer Frauenbund Deutschlands) tätig.

1951 half auch sie im Zentralrat der FDJ bei der Vorbereitung der III. Weltfestspiele in Berlin mit, und Kuba vermittelte ihr den Mietvertrag für das Haus in Hohen Neuendorf.

Wie wird man Schriftsteller? Sicherlich gehört Talent dazu, aber bei Margarete Neumann trifft im besonderen Maße zu, dass sie es erst und nicht zufällig in dem neuen Staat, der DDR, mit dem sie sich von Anfang an identifizierte, wurde.

Sie hat das selbst 1959 in einem Vorwort zu ihrem Gedichtband „Brot auf hölzerner Schale" als ihr Credo formuliert: „Es gab nichts, was ich [nach dem Krieg] nicht von Grund auf neu zu erkennen und zu begreifen hatte. Ich verstand nicht alles auf einmal, sondern allmählich, in dem Maße, in dem ich falsch Erkanntes abtun konnte. Und so schreibe ich auf, womit ich mich auseinandersetze und was ich begreife, in der Hoffnung, es könnte vielleicht anderen nützlich sein und ihre Erkenntnisse festigen."

1954 erfolgte der offizielle „Ritterschlag" zur Dichterin mit der Veröffentlichung von sechs Gedichten in einem schmalen Band (gemeinsam mit Lori Ludwig und Günther Deicke) mit dem pro-

grammatischen Titel „Geliebtes Land" im Berliner Aufbau Verlag, ihrem späteren „Hausverlag". Für diese Gedichte erhielt sie 1955 eine Silbermedaille beim literarischen Wettbewerb der V. Weltfestspiele in Warschau.
1955 erschien der Roman „Der Weg über den Acker", in dem sie aus eigenem Erleben die Herausbildung neuer Lebensverhältnisse auf dem Land gestaltete und der neben Erwin Strittmatters „Tinko" und Otto Gotsches „Tiefe Furchen" in die erste Reihe „sozialistischer Landliteratur" gestellt wurde.
1956 folgte „Lene Bastians Geschichte", ein Band mit Novellen und Skizzen, in dem sie ihren eigenen, unverkennbaren Stil gefunden hatte, wie ihr Kritiker bescheinigten. Im gleichen Jahr wurde sie in den Schriftstellerverband der DDR aufgenommen, und 1957 erhielt sie den renommierten Heinrich-Mann-Preis der Akademie der Künste.

„**26.4.1956.** Jeden Tag habe ich Furcht vor der Post. Es lebt sich furchtbar schwer, auch in unserem Staat, [...] mit vier Kindern, die essen wollen und in sauberen Kleidern gehen. Heute schickte der Verlag mir die Nachricht, daß weitere Vorschüsse nicht möglich seien, daß sie aber von 14000,- Vorschuss, den ich während der vergangenen drei Jahre erhalten hätte, 5000,- streichen würden. [...] Rechnet euch aus, liebe Leute, 14000,- für vier, vielleicht fünf Jahre Arbeit, ständig in Angst und Sorge, ständig in Schulden, die noch größer gewesen wären, hätte nicht der Kulturfonds zeitweilig ein Einsehen gehabt! Rechnet es euch aus, nicht einmal 300,- im Monat, vierzehn Prozent Steuern, versteht sich, Miete, Haushilfe, Bücher, Theater, vier Kinder! [...] Ich habe nicht übel Lust, meine Bücher in die Ecke zu werfen und in die Fabrik, oder besser noch, auf ein Gut zu gehen, solange, bis die Kinder groß genug sind und selbst verdienen."

Aus: Tagebuch von Margarete Neumann, Literaturarchiv Neubrandenburg, unveröffentlicht

Margarete Neumann, die ehemalige Landarbeiterin und alleinerziehende Mutter von vier Kindern, hatte sich als Schriftstellerin etabliert.

Seit 1961 lebte sie in Neubrandenburg, war nun eine bekannte Autorin, freilich immer innerhalb der Grenzen des Landes. Fast jedes Jahr erschien ein Buch – Romane, Geschichten, Gedichte, Kinderbücher, aber sie schrieb auch Hörspiele und fürs Fernsehen.

Bekannt geworden sind u. a. die Romane „Der grüne Salon" 1972, „Die Webers" 1976 und „Magda Adomeit" 1985 sowie zwei Novellen um Ernst Barlach unter dem Titel „Der Geistkämpfer" 1987. 1964 und 1974 erhielt sie den Fritz-Reuter-Preis des Bezirks Neubrandenburg, 1977 den DFD-Literaturpreis.

Ihre häufig wiederkehrenden Themen waren die Entwicklung auf dem Land, die Beziehungen zwischen Mann und Frau und das Leben der so genannten kleinen Leute.

Sie war auch sehr abenteuerlustig, zum Beispiel hielt sie sich in den 1970er Jahren an der Erdgastrasse in Sibirien auf („Orenburger Tagebuch" 1977) und bereiste Jahre später die Mongolei, wo das heute noch lesenswerte Reisebuch „Land der grüngoldenen Berge. Unterwegs in Mongolien" (1986) entstand, für das sie auch selbst fotografierte.

Ihr Schreibstil wurde oft als schlicht bezeichnet, was nicht immer als Kompliment gemeint war. Während Sarah Kirsch in einer Nachbemerkung zum Geschichtenband „Am Abend vor der Heimreise" (1973) „die Erzählweise der ersten Stücke" mit „zurückhaltend" und „normal" bezeichnete, wurde Anna Seghers 1972 in einem Brief an die Autorin, der sich auf den „Grünen Salon" bezog, deutlicher. Sie vermisste trotz „einzelner schöner Szenen" insgesamt „Erregung, Spannung und Schärfe".

Nach 1990 geriet Margarete Neumann, wie viele andere DDR-Autoren auch, schnell in Vergessenheit, obwohl ihr Verlag, der Aufbau Verlag in Berlin, einer der wenigen war, der weiter exis-

tierte. Aber ihre Bücher hatten ihre Zeit, waren, im guten wie im schlechten Sinn, DDR-Literatur und sind im Buchhandel nicht mehr und in den Bibliotheken fast nicht mehr zu bekommen.
Sie trug auch selbst dazu bei, als sie sich 1990 mit den Worten, dass ihr von „hier aus Deutschland nicht mehr so beängstigend groß und gewichtig" vorkäme, in Sousse in Tunesien niederließ, ein Land, in das sie sich auf einer Urlaubsreise „spontan verliebt" hatte.
Nur zum Sterben ist sie noch einmal nach Deutschland gekommen, am 4. März 2002 erlag sie in Rostock in einem Hospiz einem Krebsleiden.
Der Nachlass wurde von ihrer Familie ins Literaturzentrum in Neubrandenburg gegeben, leider ging einiges durch die Umzüge verloren.
Ihr Grab befindet sich auf dem Friedhof von Passentin, einem Ortsteil von Mallin, acht Kilometer von Neubrandenburg entfernt. Die Stele und Figur wurden von der Bildhauerin Dorothee Rätsch, ihrer Tochter, geschaffen, und auf dem hellgrauen Stein steht die erste Strophe ihres „Herbstliedes", das sie in den 1950er Jahren in Hohen Neuendorf schrieb: „Knarrt der Wind in kahlen Ästen,/ach, der Sommer ist dahin,/keiner geht vorbei am Fenster,/sieht, wie ich alleine bin ..."

Einen gänzlich anderen Weg gegangen als seine Mutter Margarete ist **Gert Neumann** (geb. 1942). Während sie eine „öffentliche" und bekennende sozialistische Schriftstellerin war, hielt er sich vom gesellschaftlichen Leben in der DDR fern, was auch den Literaturbetrieb und die Präsenz in den Medien einschloss.
Geboren wurde er in Heilsberg in Ostpreußen, ab 1951 wuchs er in Hohen Neuendorf in der Niederheide auf.
Nach dem Schulbesuch absolvierte er von 1957 bis 1960 eine Lehre in der Landwirtschaft im nahen Schönfließ, wo er anschließend als Traktorist arbeitete. („Ich habe den Beruf Traktorist gelernt; und bin pflegend und grubbernd und säend auf den

Feldern im Norden Berlins gewesen." Aus: „Dichte". Brecht Yearbook 1998)
1960 bis 1962 leistete er freiwillig seinen Wehrdienst (die allgemeine Wehrpflicht wurde in der DDR erst 1962 eingeführt), anschließend lebte er in Karl-Marx-Stadt, dem heutigen Chemnitz, und in Groß Nemerow bei Neubrandenburg. An beiden Orten war er als Schlosser tätig.
Ab 1967 studierte er am Literaturinstitut „Johannes R. Becher" in Leipzig. 1969 wurde er aus politischen Gründen exmatrikuliert. („Die Exmatrikulationsformel lautet: ‚Sie vertreten mit Ihren ideologisch-ästhetischen Bekenntnissen Auffassungen, die revisionistischen Charakter tragen und mit der Lehrmeinung und dem Statut unseres Instituts unvereinbar sind.'" Aus: „Elf Uhr". Roman. Hinstorff Verlag Rostock 1990)
Nach der Exmatrikulation – außerdem wurde er aus der SED ausgeschlossen, deren Mitglied er seit 1963 war – zog er sich mehr und mehr in eine Art innere Emigration zurück. („Die folgenden Jahre waren wie der Beginn eines Lebens. Ich erfuhr von der Weisheit der Wirklichkeit, und lernte ihre transzendentale Würdestruktur kennen." Aus: „Elf Uhr") Er verdiente seinen Lebensunterhalt u. a. als Handwerker am Leipziger Schauspielhaus, im Kaufhaus „Konsument" und im evangelischen Diakonissenhaus in Leipzig.
Sein erstes Buch, „Die Schuld der Worte", erschien 1979 bei S. Fischer in Frankfurt am Main. Für ihn typisch war hier bereits der Versuch, angesichts „erlebter Sprach- und Gegenwartslosigkeit mit unkorrumpierten Ausdrucksformen dennoch von den Menschen und Dingen sprechen zu können."
In „Elf Uhr", das 1981 ebenfalls nur im westdeutschen Frankfurt erscheinen konnte (erst 1990 kam die Originalfassung im Rostocker Hinstorff Verlag heraus), macht sich ein erzählendes Ich, ein schreibender Handwerker, ein Jahr lang (1977/78) jeden Tag um Elf Uhr Notizen über seine Arbeit in einem Kaufhaus,

über Erlebnisse des Tages, seine Kollegen, Behörden, seinen Arbeitsplatz, vor allem aber über die Sprache der Poesie.
„Und, worüber ich denn schriebe, fragte A. noch seufzend und ohne klares Interesse; er schien sofort unter der Erkenntnisbedeutung dieser Frage zu leiden, und auch mir war das Ritual nur peinlich. Ich ging zu dem Liegenden, und antwortete deutlich: daß ich glaubte, damit beschäftigt zu sein, die Realität zu untersuchen, weil ich den immer stärker werdenden Verdacht hätte, daß sie ganz anders organisiert sei, als die Sätze, die über die Realität gesprochen seien." („Elf Uhr")
Handwerker und Schriftsteller, der sich als Chronist und Analytiker der Zeit verstand, das schien eine für Gert Neumann eigentümliche Doppelrolle gewesen zu sein. „Ich bin es mittlerweile gewohnt, aus der Tatsache, daß meine literarischen Überzeugungen, die ich in meinen Texten realisierte, überhaupt keinen Zugang in den Sprachkreis der DDR finden konnten, die Schlußfolgerung zu ziehen: als Arbeiter zu leben." (Brief von Gert Neumann vom 3. November 1979. In: „Verhaftet. Dresdner Poetikvorlesung 1998". Nachwort von Walter Schmitz)
Seit Mitte der 1980er Jahre gab er mit Freunden – privat und unter persönlichem Risiko – die Zeitschriften „Anschlag" und „Zweite Person" in kleiner Auflage heraus. 1989 erschien „Die Klandestinität der Kesselreiniger. Ein Versuch des Sprechens", wiederum bei S. Fischer in Frankfurt/M.
Von Schriftstellerkollegen wurde und wird er sehr geschätzt. Franz Fühmann bezeichnete ihn bereits 1981 in einem Brief an seine Lektorin als „den bedeutendsten Schriftsteller (ganz ohne Phrase), den die DDR, nein, den wohl der deutschsprachige Raum besitzt", und Martin Walser schwärmte 1999 von der „Sinnlichkeit des Geistigen" als einer „Neumannschen Spezialität", wies aber zugleich auf die Mühe hin, die sich der Leser geben muss, will er sich die „literarische Schönheit" der Texte erschließen. „Man könnte ihn einen ‚Satzbauer' nennen. Es sind geräumige, nicht mit *einem* Blick überschaubare Gebilde, die er

baut. Schönheit, die sich durch die Schwierigkeit erschließt, die sie dem Genießenden bereitet." (Aus: „Geist und Sinnlichkeit. Gert Neumanns deutsch-deutsches Gespräch." In: „Die Zeit" 13/1999)

> „Gert Neumann, ich muß Ihnen die Mitteilung machen, daß Ihre Bücher in einer geradezu unglaublichen, und unglaublich verändernden Weise auf mich gewirkt haben. Das, was mir in meiner letzten (noch nicht veröffentlichten) Arbeit mißlungen ist, mißlungen wegen einer unzureichenden, letztendlich doch dem Realismus verhafteten Methode, das ist Ihnen gelungen: Das Wesen dieser Wirklichkeit sichtbar zu machen. Sie haben damit einen Maßstab gesetzt, an dem künftig gemessen werden muß."
>
> Aus: Brief von Franz Fühmann an Gert Neumann 5.8.1981

Nach der politischen Wende veröffentlichte Neumann die „Übungen jenseits der Möglichkeit" (1991) mit Essays, Briefen und Reden, 1999 den Roman „Anschlag" („Ein therapeutischer Bewußtseinsdialog des Schriftstellers Gert Neumann, der seine östliche Welt verloren hat, ohne vorerst ‚im Westen' angekommen zu sein." Aus: Schmitz, Walter), für den er im gleichen Jahr den Uwe-Johnson-Preis erhielt, sowie eine Vielzahl kürzerer Texte in Zeitschriften (u. a. „Herzattacke", Edition Maldoror) und in Anthologien.

Seine 1998 in Dresden an der Technischen Universität gehaltenen Poetik-Vorlesungen wurden ebenfalls 1999 unter dem Titel „Verhaftet" publiziert.

Seit 1988 lebt er in Berlin.

Ein anderer Autor, der zum Bekanntenkreis Kubas gehörte, sich aber recht bald von ihm distanzierte, war **Wilm Weinstock** (1905-1981).
Er wohnte, typisch für ihn, in einem Haus, das ein wenig abseits der Straße, der Eichenallee, lag, etwa fünfzig Meter in Richtung Stolper Feld.
Gleich Kuba in der Niederheide wurde es ihm und seiner Lebensgefährtin und Mitarbeiterin Greta Renner-Weinstock (1911-1996) vom jungen Staat für eine geringe Miete überlassen.
Hier richtete er seine Dichterwerkstatt ein, spann feine Fäden in Richtung Berlin, wo die Redaktionen der Zeitungen und Zeitschriften saßen, hier begann er sich aber auch konsequent zurückzuziehen, ja regelrecht abzuschotten, als ihn der Literaturbetrieb ab Mitte der 1950er Jahre mehr und mehr enttäuschte.
Weinstock kam ursprünglich aus dem Rheinland. Über sein Vorleben ist relativ wenig bekannt, die Legende erzählt, dass er Motorradrennen fuhr, durch Europa vagabundierte und während der Nazizeit den Verrückten spielte, eine Methode, die er auch später, als er in Hohen Neuendorf lebte, noch einmal anwandte.
In den Jahren nach 1945 aber war er hellwach. Er war einer der ersten, die sich mit ihrer Kunst für eine bessere, gerechtere und vor allem gewaltlose Gesellschaft sowie für die Aufarbeitung der unmittelbaren Vergangenheit einsetzten. Bereits im Oktober 1945 trat er anlässlich einer „Morgenfeier" des Bezirksamtes Berlin-Wilmersdorf mit einer „Leichenhochzeit" und einer „Grabrevolte" auf, Szenen- und Gedichtfolgen, in denen er in satirischen Versen das damalige Wendehalssyndrom geißelte.
Überliefert ist auch die Programmabfolge eines „Begrüßungsabends anläßlich des Treffens der Opfer des Faschismus der Mark Brandenburg in Potsdam" am 26. Oktober 1946 mit „Dichtung von Wilm Weinstock, vom Dichter gesprochen".
Später schrieb er Kindergedichte und -lieder, die von bekannten Komponisten wie Joachim Werzlau („Durch die Wolken"), Günter Kochan („Wo wir sind, da stehen Millionen") und Jean Kurt

Forest vertont und vielerorts gesungen oder im Radio gespielt wurden. 1949 erschien sein Kinderliederbuch „Froh und Fleißig" im Altberliner Verlag.

Das war alles zeitbezogen, ist heute verklungen. Geblieben sind seine Liebes- und Naturgedichte, die u. a. in der Anthologie „Dank den Jahreszeiten" 1953 und in der Zeitschrift „Neue Deutsche Literatur" 1957 abgedruckt wurden.

> **[Wer singt dem Baum]**
>
> Wer singt dem Baum
> sein Frühlingslied,
> der sich in Dürre müht?
>
> Ein bunter Vogel, winzig klein,
> auf einem dürren Ast,
> und wird das Bunte seine Last,
> muß leicht das Singen sein.
>
> Schon singt ein großer Vogelchor
> dem Frühling seine Töne,
> schon jubeln Lieder hoch empor,
> schon wiegen die Winde das Schöne.
>
> Wer singt dem Baum
> sein Frühlingslied,
> der sich in Dürre müht?
>
> 1952

Woher kam die Motivation, sich in die Gesellschaft einzubringen? Schwer zu sagen, Weinstock war kein Kommunist, er war nicht einmal ein politisch denkender Mensch. Er war Pazifist, aus

persönlicher Erfahrung, aus dem Gefühl heraus. Auf jeden Fall muss man sagen, er war Künstler, leidenschaftlicher Künstler. Vielleicht erklärt das auch, weshalb seine anfängliche Begeisterung für den jungen Staat schnell in tiefe Enttäuschung und anschließend in Resignation umschlug. Im Land verfestigten sich die Strukturen, der Kalte Krieg brach aus, Kulturpolitiker und Dogmatiker führten das Wort, Künstler hatten sich zu fügen.
Ein Beispiel dafür, welche Unsicherheit unter Künstlern angesichts der politischen Situation in den 1950er Jahren herrschte, ist ein an ihn gerichteter Brief von Franz Fühmann (1922-1984, veröffentlichte u. a. die Novelle „Böhmen am Meer" 1962, das Tagebuch „Zweiundzwanzig Tage oder Die Hälfte des Lebens" 1973 und den Essay „Vor Feuerschlünden" 1982), in dem der Schriftstellerkollege ihn fragte, wer das Gerücht verbreitet haben könnte, dass er „nach Westdeutschland geflüchtet sei" (Wortlaut s. Anhang).
Und sicherlich hat sein Rückzug auch etwas mit seinem Verhältnis zu Kuba zu tun, das anfänglich freundschaftlich war. Aus den Akten des Schriftstellerverbandes geht hervor, dass Kuba 1953 auf einer Sitzung des Verbandes mit Begeisterung Verse Weinstocks rezitierte. Später muss sich das Verhältnis merklich abgekühlt haben. Der Dramatiker **Heiner Müller** (1929-1995), der einige Male in Hohen Neuendorf zu Gast war, erzählte die Geschichte, dass Weinstock Kuba aus einem Fenster im vierten Stock des Zentralrates der FDJ Unter den Linden in Berlin gehalten und gedroht habe: „Wenn du nicht gleich ruhig bist, lasse ich los!"
Wie auch immer, Weinstock zog sich zurück und verweigerte sich. Heiner Müller – er lebte mit seiner Frau, der Lyrikerin Inge Müller (1925-1966), von 1954 bis 1959 in Lehnitz – berichtet in seiner Autobiographie „Krieg ohne Schlacht", dass Weinstock „nie einen Personalausweis hatte", was bei den ständigen Kontrollen in der DDR „eine Leistung" gewesen sei. „Er hatte keinen

Ausweis und kam trotzdem überall durch. Er hat auch nie die Miete bezahlt."

In Weinstocks Nachlass fand sich zu Heiner Müllers Überraschung das Prosastück „Der Bankrott des großen Sargverkäufers", das er 1951 für einen Kurzgeschichtenwettbewerb geschrieben hatte und nun noch einmal bearbeitete und veröffentlichte.

Ein gern gesehener Gast in der Eichenallee war auch der Schriftsteller **Manfred Bieler** (1934-2002). Sein Roman „Ewig und drei Tage" (1980) spielt in einem Kapitel auf dem Weinstockschen Grundstück in Hohen Neuendorf, das hier „Frohnsdorf" heißt, eine Mischung aus Frohnau und Hohen Neuendorf vermutlich, und ein „märkisches Nest" ist, von dem aus man bei „klarem Wetter die Hennigsdorfer Walzwerkschlote und die blauen Schnörkel der Havel" erkennen kann.
Erzählt wird in dem Kapitel vom Besuch des erfolgreichen Schriftstellers Ott, Bielers Alter Ego, bei dem „in der Verbannung" lebenden Alexander Heidenreich, wie Weinstock in dem Buch genannt wird. Der Abend endet mit einer nicht eingeplanten Übernachtung Otts und einer „privaten" Gedichtlesung Heidenreichs, die mit viel Sympathie, aber auch nicht ohne Ironie geschildert wird. „Die Lesung war kein Vortrag, sondern Heidenreich. Er starb bei einer Trauer-Ode. Der alte Kauz mit seiner Serenade war verliebt. Er schlummerte bei dem geraunten Wiegenlied. Er hinkte als ein lahmer Kater durch den Jambus und welkte wie der Herbst im Winde-Linde-Reim."
Manfred Bieler, in Zerbst geboren, war einer der originellsten und provokantesten Schriftsteller in der DDR. 1965 übersiedelte er von Ostberlin nach Prag, 1968 nach München. Seine bekanntesten Bücher sind neben dem genannten „Der Mädchenkrieg" 1975, „Der Bär" 1983 und „Still wie die Nacht. Memoiren eines Kindes" 1989.

Weinstocks größter Stolz war es, dass die Maria in Bielers Roman „Maria Morzeck oder Das Kaninchen bin ich" (1969) – von der DEFA in der Regie von Kurt Maetzig nach einem Szenarium von Manfred Bieler verfilmt und nach dem 11. Plenum der SED 1965 verboten – eines seiner Gedichte („Verlorenes Lied") rezitiert und sogar als das schönste deutsche Gedicht bezeichnet, „schöner als Goethe".

Verlorenes Lied

Wo singt das Lied,
das ich verloren habe?
Singt einst an meinem Grabe
dies heimgekehrte Lied?

Kehrt mir der Traum,
den ich vergebens träumte,
in Wirklichkeit versäumte,
zurück in einem Traum?

Singt vogelscheu
und angstbedacht
dies Lied in einem Baum!

Verrat und Treu,
es weint und lacht
dies Lied von einem Traum.

1957

Aber der Rückzug war konsequent. Von einer kleinen Rente, den geringen Einnahmen durch die AWA (Anstalt zur Wahrung der Aufführungs- und Vervielfältigungsrechte auf dem Gebiet der Musik in der DDR, ehemaliges Gegenstück zur GEMA) und den

Westpaketen seiner Schwester lebend, veröffentlichte er bis zu seinem Tod keine einzige Zeile mehr. Das hieß aber nicht, dass er nicht mehr schrieb, im Gegenteil, unablässig bedeckte er Zeitungs- und Buchränder, Packpapier und leere Zigarrenschachteln – jedes Papier, das ihm in die Hände kam – mit seiner energischen, schwer entzifferbaren Schrift. Entstanden ist so eine Vielzahl von Gedichten, Aphorismen und Sentenzen, ein noch unerschlossener Schatz.

Weinstock schrieb nicht nur, er war auch bildender Künstler, malte, schnitzte, formte Figuren. Haus und Garten verwandelten sich im Laufe der Jahre in ein einziges Kunstwerk, alle Wände wurden bemalt, jedes Stück Holz oder Metall, das er fand, bearbeitete er.

Da blieb nicht viel Zeit für die Gartenpflege. Unkraut wucherte, der Zaun wurde morsch, die Nachbarn warfen scheele Blicke. Manche hielten ihn für verrückt, zumal er sich nur selten von seiner blauen ausgebeulten Trainingshose und dem dicken Winterpullover trennte. Noch im Alter trug er schulterlanges Haar.

1981 starb Wilm Weinstock im Krankenhaus Hennigsdorf an einem jahrelangen Nierenleiden. Seine Lebensgefährtin Greta Renner (die auch schrieb, aber nicht publizierte) überlebte ihn um Jahre, häufig von jungen Leuten besucht, die Haus und Grundstück ungeheuer spannend fanden.

Seinen Nachlass übergab sie Anfang der 1990er Jahre der Akademie der Künste Berlin-Brandenburg, wo er seitdem unbearbeitet lagert.

Neben Wilm Weinstock lebte ein zweiter Dichter in der Eichenallee, der Lyriker, Erzähler und Essayist **Karl Reinhold Döderlin** (1917-2004).

Obwohl ihre Grundstücke nur wenige Meter voneinander entfernt lagen und sie sich über den Gartenzaun hätten grüßen können, hielten sie hinter ihren Hecken und Apfelbäumen respektvoll voneinander Abstand.

Sie waren zu verschieden, was die Herkunft und die Lebensweise betraf – Döderlin, ein aus Süddeutschland stammender christlich-katholischer Journalist, ging einem Brotberuf nach, wozu Weinstock, Abenteurer und Frohnatur aus dem Rheinland, nie in der Lage gewesen wäre.
Geboren wurde Karl Reinhold Döderlin 1917 in Stuttgart als Sohn eines Gärtners. Nach einer Mechaniker- und kaufmännischen Lehre war er Hilfsarbeiter und Archivargehilfe. Anschließend studierte er Kunst- und Theatergeschichte in München. Im Zweiten Weltkrieg war er über fünf Jahre Soldat, eine Zeit, die ihn sehr prägte.
Nach 1945 arbeitete er in München als Kunst-, Literatur- und Theaterkritiker. Er war Mitbegründer der Gruppe 50, einer kurzlebigen literarischen Vereinigung, die laut einer Quelle „politisch linker" als die Gruppe 47 gewesen sein soll, aber weniger bedeutende Mitglieder hatte.
1951 nahm Döderlin am 1. Gesamtdeutschen Kulturkongress in Leipzig und an den III. Weltfestspielen in Berlin teil und veröffentlichte einen engagierten Artikel „Gegen Provinzialismus und Kleingeisterei" im „Neuen Deutschland". Nach seiner Rückkehr von den Weltfestspielen wurde er zusammen mit anderen Teilnehmern verhaftet, was in der Presse der DDR eine große Kampagne nach sich zog.
Aufgrund seiner politischen Aktivitäten wurde er in Westdeutschland boykottiert und aus der Redaktion der „Deutschen Tagespost", deren Münchner Feuilleton er seit 1949 redigierte, entlassen.
1952 erfolgte die Aufsehen erregende Übersiedlung in die DDR. Hier scheint er eine geistige oder zumindest politische Heimat gefunden zu haben. Im „Lexikon deutschsprachiger Schriftsteller von den Anfängen bis zur Gegenwart" (Leipzig 1974) ist jedenfalls davon die Rede, dass er nunmehr die Gelegenheit fand, „vom christlichen Standpunkt Abrechnung mit der faschistischen deutschen Vergangenheit" zu halten und „für eine demokratische,

friedliche und sozial gerechte Neuordnung der Gesellschaft" zu wirken.

1954 erschien sein Gedichtband „Gesetz und Verwandlung", der die gesammelten Gedichte aus zwanzig Jahren enthielt. Obengenanntes Lexikon registrierte den „langsamen Reifeprozess des Dichters, der über eine (an Mörike geschulte) Naturlyrik hinauswuchs und in der – religiös gebundenen – Gestaltung nationaler und menschlicher Thematik seinen Höhepunkt erreichte."

Wenn man heutzutage jedoch in dem schmalen Bändchen blättert, so kann man sich, bei allem Respekt vor dem formalen Können, ein Schmunzeln angesichts so mancher dichterischen Lobpreisung der Errungenschaften der sozialistischen Landwirtschaft nicht verkneifen. Da zogen glückliche „neue" Menschen über die nun endlich volkseigenen Äcker und übertönten die kraftvollen Geräusche der Traktoren das an sich schöne, aber doch nutzlose Singen der Vögel. Eine Verbeugung des Dichters vor seiner neuen Heimat?

1959 folgte der Prosaband „Die Arche Noah schwimmt nicht mehr", der ebenfalls im Union Verlag in Berlin erschien. Er enthielt Erzählungen und Skizzen, die sich noch einmal mit den Geschehnissen des Zweiten Weltkrieges auseinandersetzten, aber auch bereits in der damaligen Gegenwart angesiedelt waren.

Sein Brot verdiente Karl Reinhold Döderlin einige Jahre lang als stellvertretender Chefredakteur der Zeitschrift „Bildende Kunst", dem Organ des Verbandes der Bildenden Künstler mit Sitz in Berlin. „Dabei geriet er in die Diskussionen um Formalismus und sozialistischen Realismus." (Auskunft Christa Gudzent 2009)

„Für beides brachte er aufgrund seines Lebenshintergrundes noch weniger Verständnis auf als wir.

Später gab es noch einmal eine Zeit, in der er als Korrektor bei den Zeitschriften ‚NBI' und ‚Freie Welt' eingesetzt war. Zumeist lebte er aber von einem geringen Stipendium des Schriftstellerverbandes, um das er immer wieder kämpfen musste, da er weder

seinen Roman über den Zweiten Weltkrieg beendete noch sonst etwas Literarisches veröffentlichte.
Für sehr wichtig halte ich [Christa Gudzent] seine kulturpolitische Tätigkeit. Er gehörte dem Vorstand des Clubs der Kulturschaffenden ‚Johannes R. Becher' in Berlin an, in dem auch die Romanistin Prof. Dr. Rita Schober und der von der SED geschmähte Anton Ackermann wirkten. Im Club selbst war er zusammen mit Ludwig Turek verantwortlich für das Literaturgespräch am Donnerstag. Dort fand eine ganze Reihe junger Schriftsteller ein interessiertes Publikum.
Außerdem war er Abgeordneter im Bezirkstag Potsdam, aufgestellt von der CDU. In welcher Kommission er arbeitete, weiß ich nicht mehr. Die Kultur war es nicht, dafür war ich als Abgeordnete verantwortlich. Er war Initiator so mancher Konzerte und Lesungen in Hohen Neuendorf, Hennigsdorf und Birkenwerder. Auch hatte er durchaus Verdienste in der Bewegung Schreibender Arbeiter, dies allerdings zumeist auf privater Basis." (Christa Gudzent)
Nach seinem Tod 2004 hatte ich (Roland Lampe) die Gelegenheit, in seinem Haus in der Eichenallee seinen Nachlass zu sichten. Ich fand hauptsächlich Zeitungen und Zeitschriften aus den 1950er und frühen 1960er Jahren, in denen seine Gedichte und Kurzprosa sowie Artikel über künstlerische und kulturpolitische Themen abgedruckt waren, aber auch unveröffentlichte Manuskripte und Briefe von bekannten Schriftstellerkollegen. Zudem besaß er eine umfangreiche Bibliothek. Den Nachlass in ihren Bestand aufzunehmen, lehnte das Literaturarchiv der Akademie der Künste Berlin-Brandenburg auf Anfrage ab.

Wenn man die Auszeichnung „fleißigster Schriftsteller Hohen Neuendorfs" verleihen möchte, dann wäre **Alfred O. Schwede** höchstwahrscheinlich (postum) der erste Kandidat.

Über 80 Bücher hat er veröffentlicht (das wären 1,11 pro Lebensjahr), darüber hinaus eine Vielzahl aus den skandinavischen Sprachen übersetzt.

Geboren wurde Schwede, der mit vollem Vornamen Alfred Otto heißt, 1915 in Haynsburg in der Nähe von Zeitz, gestorben ist er 1987 in Hohen Neuendorf, dort befindet sich auch sein Grab.

Nach dem Abitur 1934 studierte er Theologie und Nordistik an der Universität in Leipzig. Er erlernte die schwedische, norwegische, dänische, finnische, englische, französische und spanische Sprache, studierte Latein, Griechisch und Hebräisch und war fünfzehn Jahre lang Mitarbeiter eines Übersetzer- und Dolmetscherbüros.

1938/39 hielt er sich in Schweden auf, in einer Quelle ist von einem „vergeblichen Versuch, zu emigrieren" die Rede, näheres erfahren wir allerdings nicht. Im Zweiten Weltkrieg dolmetschte er als Soldat, 1945 geriet er in amerikanische Kriegsgefangenschaft.

Nach dem Krieg war er Pfarrer in Haynsburg, seinem Heimatort, in Uthleben bei Nordhausen und in Brandenburg-Görden. Seit 1961 arbeitete er als freischaffender Schriftsteller. Er bereiste Schweden, Finnland, Bulgarien, Rumänien, die CSSR, Ungarn, Polen, die UdSSR und Kuba. 1978 erhielt er den Theodor-Fontane-Preis des Bezirkes Potsdam.

Seit 1976 lebte er in Hohen Neuendorf, zuletzt, nach dreimaligem Umzug, in einem kleinen Haus in der Friedrich-Engels-Straße nahe dem Institut für Bienenkunde.

Kurz nach seinem Tod war für einige Jahre die Buchhandlung in Hohen Neuendorf, damals noch in der Friedrichstraße, nach ihm benannt.

Neben seinen Reisebüchern (u. a. „Kubanisches Tagebuch" 1967, „Insel mit runden Kirchen. Streifzüge durch Bornholm" 1978) schrieb er historische Romane (u. a. „Der Widersacher. Ein Karlstadt-Roman" 1975, „Ich war des Sternenjunkers Narr. Eine Erzählung um den Astronomen Tycho Brahe" 1983) und Gegenwartserzählungen und -romane („Der Swimmingpool" 1971, „Die Tagung" 1975). Sie erschienen in der Mehrzahl in der Evangelischen Verlagsanstalt in Berlin und im Union Verlag. Übersetzt hat er Bücher von Thor Heyerdahl, Jonas Lie, Stig Dagermann, Jens Peter Jacobsen und vielen anderen.

Die Vielfalt der Themen ist erstaunlich, fast jedes seiner Bücher ist noch lesbar und in jeder Zeile ist das christliche und soziale Engagement des Autors zu spüren. Sogar das Lexikon „Schriftsteller der DDR", das mit Lob gegenüber christlichen Schriftstellern sehr sparsam war, kommt 1975 nicht umhin, das „humanitär-soziale Engagement" des Autors hervorzuheben und seinen Büchern „eine am Vorbild Albert Schweitzers orientierte christlich-humanistische Gesinnung mit antifaschistischer, antimilitaristischer und antiimperialistischer Akzentuierung" zu attestieren.

Fragt man heute allerdings nach seinen Büchern, so muss man feststellen, dass im Buchhandel aktuell nur noch ein Titel erhältlich ist („Das Haus in der Münstergasse. Ambrosius Blaurer – Ein Mönch ging nach Hause"), mehr Glück hingegen hat man in Bibliotheken oder Antiquariaten.

Doch warum ist er nicht mehr im Gespräch, warum werden seine Bücher nicht mehr aufgelegt?

Die Gründe kann man nur vermuten. Vielleicht liegt es daran, dass sich nach der gesellschaftlichen Wende und der nachfolgenden Krise bzw. Auflösung seiner Verlage in den 1990er Jahren niemand mehr um Nach- oder Neuauflagen in einem anderen Verlag kümmerte. Vielleicht auch sind einige Themen, zum Beispiel die der Reisebücher oder die seiner Gegenwartsprosa, inzwischen nicht mehr aktuell, wohingegen seine Bücher mit historischen oder biblischen Themen eher zeitlos sind.

Und warum fällt es so schwer, sich ein Bild von seiner Persönlichkeit zu machen?

Tatsache ist, dass A. O. Schwede in seinen Büchern nie oder kaum über sich selbst oder seinen unmittelbaren Lebensumkreis schrieb.

Eine Ausnahme bildet der Roman „Die Tagung". Hauptfigur ist der Pfarrer Erich Rothberg, ein Endfünfziger, der am Harzrand eine Gemeinde betreut. Auf der Fahrt zu einer ökumenischen Begegnung und auf der Tagung selbst reflektiert er seinen beruflichen und familiären Werdegang, seine Arbeit in der Gemeinde und die Stellung der Kirche in der Gesellschaft in den 1950er, 1960er Jahren. Ohne Zweifel flossen hier viele Erlebnisse und Erfahrungen aus Schwedes eigener Zeit als Pfarrer ein.

Ansonsten nahm er sich stets zurück zugunsten des Gegenstandes, mit dem er sich schriftstellerisch auseinandersetzte, und der Menschen, deren Schicksale er erzählte.

Ehemalige Nachbarn, die mit ihm gut bekannt waren, beschreiben ihn als einen „großen, breitschultrigen Mann", der auch von der Ausstrahlung her gut in die nordische Landschaft gepasst hätte. Er sei „sehr bescheiden" gewesen. Seine Manuskripte habe er auf seiner Reiseschreibmaschine geschrieben, seine Frau Dora (eine „echte Pfarrersfrau") habe dann Korrektur gelesen. Er habe immer viel gearbeitet, deshalb auch nicht viel Zeit für seine Familie, für seine Söhne gehabt.

Nach dem Tod seiner Frau 1993, sie starb sechs Jahre nach ihm, wurde das Haus, in dem er wohnte, abgerissen und ein neues gebaut. Der Name Schwede verschwand von der literarischen Landkarte, einen Nachlass schien es nicht zu geben.

Bis auf eine Ausnahme. Im Stadtarchiv in Hohen Neuendorf lagert seit den 1990er Jahren ein hellbrauner kunstlederner Reisekoffer, der vermutlich von den Nachbewohnern dort abgegeben wurde. Wer ihn öffnet, beginnt eine Entdeckungsreise ganz privater Art: Familienfotos, Briefe von Freunden und Bekannten, Ansichtskarten aus aller Welt ...

> „**Reiseziel: Stockholm C.** Die Maschinen des Fährschiffs laufen schon einige Zeit: verheißungsvolles Rumoren. Die Hecktore sind geschlossen. Zwischen Schiff und Land klafft ein sich rasch verbreiternder Spalt öligen Wassers. Beamte an Land und an Bord salutieren freundschaftlich korrekt. Das Schiff ist auf Fahrt. Es beschreibt einen großen Bogen ostwärts-nordwärts.
> Mitunter ist diese etwas über vier Stunden dauernde Überfahrt eine weniger angenehme Sache. Im Jahre 1938 hatte ich das zweifelhafte Glück, einen nächtlichen Sturm auf der Ostsee zu genießen. Ich sprach damals die häßlichsten Verdikte über Wasser, Wind und Wellen aus – in den Pausen meiner leiblichen Kümmernisse –, um jedoch am Morgen darauf im Wassernebel mit vor Erwartung kribbelndem Innern das Kaipflaster von Trelleborg zu betreten.
> Diesmal, zwanzig Jahre später, ist die Überfahrt eitel Freude. Das junge Volk – schwedische Arbeiterjugend, die aus einem Ferienlager in der DDR kommt – ist fast ein bißchen zu froh; ich sehe, wie gute schwedische Tanten ob des Lärmens und ewigen Auf und Ab auf den Schiffstreppen ein Mäulchen ziehen. Im Restaurant sitzen natürlich die gewichtigen Männer und welterfahrenen Frauen, denen es in Fleisch und Blut übergegangen ist, daß man, wenn man auf der Fähre ist, auch dementsprechend ‚ißt'".
>
> Aus: „Unterwegs zu fernen Brüdern. Reisebilder aus Schweden, Finnland und Bulgarien" 1961

Das war der Stand Mitte April 2005, festgehalten in (m)einem Artikel im „Oranienburger Generalanzeiger" zum 90. Geburtstag des Dichters.
Kurz nach Erscheinen des Artikels meldete sich Thorsten Schwede (geb. 1955), von Beruf Zahnarzt in Trebbin südlich von Jüterbog und der jüngste Sohn des Schriftstellers, bei der Redaktion. Er bewahre im Keller seines Hauses in zwei Schränken Schriftstücke seines Vaters auf: Manuskripte, Arbeitsmaterialien, Kor-

respondenz, Ausweise, Zeugnisse und Fotos. Die habe er von seiner Mutter Dora erhalten, und sein Wunsch sei es nun, dass sie „der Öffentlichkeit und damit der Forschung oder anderen Interessenten" zugänglich gemacht werden.

Fast zur gleichen Zeit (2005) ergaben meine Recherchen, dass sich ein zweiter Teil des Nachlasses in der Staatsbibliothek in Berlin befand, ursprünglich im Gebäude Unter den Linden (ehemals Staatsbibliothek Ostberlin), jetzt in der Handschriftenabteilung im Bibliotheksgebäude in der Potsdamer Straße (ehemals Staatsbibliothek Westberlin), in fünf Kästen unter der Nummer 393 untergebracht.

Erste Gespräche zwecks Übernahme hatte es wohl bereits im Dezember 1987, kurz nach Schwedes Tod, gegeben. 1989 schenkte Dora Schwede dann den Nachlass bzw. einen Teil des Nachlasses der Bibliothek.

Er war allerdings noch ungeordnet, es existierte kein Findbuch oder ein anderes Verzeichnis.

Trotzdem lohnte sich die Durchsicht für mich. Ich fand mit der Schreibmaschine geschriebene und mit (energischer) Hand korrigierte Manuskripte, vom Jugendbuch „Vikar Poggenkamp kam im Faltboot" von 1954 zum Beispiel und von Schwedes letztem Buch „Die Kierkegaards", das 1989 erschienen war. Ferner entdeckte ich Zeitungsausschnitte zu Themen, die ihn beschäftigt hatten, u. a. zu Katharina von Bora, Martin Luthers Frau.

Äußerst interessant war die Korrespondenz, die er hauptsächlich in seinen Reiseangelegenheiten mit kirchlichen Einrichtungen und „Staatlichen Organen" führte. Ein Telegramm des Schriftstellerverbandes der DDR bezüglich seiner Dänemark-Reise 1979 lautete kurz und knapp: „Reiseunterlagen abholbereit!"

Auch die Korrespondenz mit Verlagen und Bibliotheken (zwecks Sekundärliteraturbeschaffung) war erhalten, des Weiteren Glückwünsche zum Theodor-Fontane-Preis und Briefe aus dem Skandinavischen Raum. Hier gewann ich wieder, wie bei der

Lektüre seiner Bücher, den Eindruck, dass A. O. Schwede sich in Skandinavien mehr zu Hause fühlte als in hiesigen Breiten.
Warum Dora Schwede nicht bereits 1989 den gesamten Nachlass übergab, war nicht mehr zu klären, zu vermuten ist, dass sie sich von ihr besonders wichtigen Papieren noch nicht trennen konnte oder wollte.
Und warum ihm nun wiederum nichts von dem Teilnachlass in der Staatsbibliothek bekannt war, konnte Thorsten Schwede, der Sohn, auch nicht mehr nachvollziehen.
Bei einem Besuch bei ihm zu Hause in Trebbin stellte sich jedenfalls schnell heraus, dass die „Schriftstücke" in seinem Keller den Nachlass in Berlin nicht nur ergänzten, sondern ihm quantitativ und qualitativ durchaus ebenbürtig waren, so dass, würden sie zusammengeführt, ein reiches und produktives Schriftstellerleben nachvollziehbar und wieder lebendig werden würde.
Thorsten Schwede war mit meiner Vermittlung einverstanden. Ich meldete mich bei der Leiterin der Handschriftenabteilung der Staatsbibliothek, Frau Dr. Jutta Weber. Sie erklärte sich bereit, Kontakt mit dem Schwede-Sohn aufzunehmen, den überraschend aufgetauchten Teilnachlass zu sichten und ihn gegebenenfalls zu übernehmen.
Bei dieser Übergabe war ich nicht dabei. Wenige Wochen später ergab ein Anruf bei Thorsten Schwede in Trebbin, dass die Schriftstücke seines Vaters abgeholt worden waren. Was anfangs verloren schien, war nun, fast zwanzig Jahre nach dem Tod des Schriftstellers, wieder vereint.

Wolfgang Tilgner (1932-2011), der Lyriker, Liedtexter und Musikbiograph, wird fast immer zuerst (und oft ausschließlich) mit den „Puhdys" in Verbindung gebracht, einer Rockgruppe, die fast fünfzig Jahre lang, bis 2016, erfolgreich in Ost und West auf der Bühne stand. Viele populäre, heute noch bekannte Lieder textete er für sie.

Geboren wurde Tilgner 1932 in Zobten (heute Sobótka, Polen). 1951 legte er das Abitur am Thomas-Gymnasium in Leipzig ab, er ist also ein „richtiger" Thomaner. („Obwohl ich nie gesungen habe, die Chorsänger waren die so genannten Alumnen.")
Von 1951 bis 1952 studierte er Wirtschaftswissenschaften („Weil hier das Stipendium höher war …") und anschließend bis 1956 Germanistik und Theaterwissenschaften an der Karl-Marx-Universität in Leipzig, u. a. bei Hans Mayer, bei dem er auch sein Diplom ablegte.
1956/57 war er in Oranienburg – seine erste Frau Christa Gudzent hatte dort eine Stelle als Lehrerin bekommen – als Kulturfunktionär beziehungsweise „Funktionär für Kulturarbeit", wie es damals hieß, beim Rat des Kreises tätig. („Lieber wäre ich Dramaturg bei der DEFA geworden, dafür gab es aber gerade keinen Bedarf.") Seine Aufgabe bestand darin, einerseits mit Künstlern Kontakt zu halten, d. h. sie an die Kulturhäuser des Kreises zu vermitteln, und andererseits die Mitarbeiter dieser Kulturhäuser „anzuleiten" (auch eine Vokabel aus der damaligen Zeit).
Die Legende sagt, dass die Aufstellung der Fritz-Cremer-Skulptur „Die Anklagende" vor dem Oranienburger Schloss – seit 1961 steht sie dort als Replik – ihm zu verdanken sei. „Nicht mir allein, es gab außer mir noch andere Mitglieder der Ständigen Kommission für Kultur und Volksbildung, die sich für die Aufstellung – auch Berlin hatte Interesse daran – und den Platz vor dem Schloss einsetzten. Beschlossen haben es dann die Stadtverordneten."
Die Wahl der Worte „Schmerz gebäre Tat" von Ernst Toller geht allerdings auf ihn und Christa Gudzent zurück.
Von 1959 bis 1961 arbeitete Tilgner als Lektor im Verlag der Nation, dem „Hausverlag" der NDPD, und von 1962 bis 1982 war er Chefdramaturg des Friedrichstadtpalastes in Berlin.
In dieser Zeit kam auch die Verbindung zu den „Puhdys" zustande. Ostdeutsche Rockgruppen wurden damals gefördert, wenn sie deutsche Texte sangen, und seine zweite Frau, die Tänzerin und

Chansonsängerin Hanna Maria Fischer (für die er ebenfalls textete), die zwei Mitglieder der Band auf einer Tournee durch die Sowjetunion kennengelernt hatte, animierte ihren Mann, für den ersten Fernsehauftritt der Gruppe 1971 ein eigenes deutschsprachiges Lied – „Türen öffnen sich zur Stadt" – zu schreiben.
Es folgten in fünfzehn Jahren ca. fünfzig weitere Lieder, „Geh dem Wind nicht aus dem Wege" (1972) zum Beispiel und „Manchmal im Schlaf" (1974), allesamt vertont von dem Sänger und Gitarristen Dieter Birr, und die „Lebenszeit" (1976) natürlich mit den Anfangszeilen „Fahren zwei durch alle Meere/fahren zwei in einem Boot./Der eine kennt die Sterne/der andre misst das Lot ..."
Was einerseits für Tilgner ein Segen war, ein gewisser Wiedererkennungseffekt (vom Geldsegen, den wir nicht kennen, abgesehen), erwies sich andererseits als Fluch: seine Lyrik ist darüber ein wenig oder sehr sogar, auf jeden Fall zu Unrecht in Vergessenheit geraten.
Vier Gedichtbände veröffentlichte er, das „Poesiealbum 25" 1969, „Über mein Gesicht gehen die Tage" 1971, „Das älteste Handwerk" 1974 und „LiebesLeben" 1989.
Seinen Gedichten liegt immer eine poetische Idee zugrunde, sie sind in keiner Sekunde bzw. Zeile langweilig, sie sprechen neben dem Verstand stets auch die Sinne an, und sie sind anspruchsvoll und unterhaltsam zugleich, eine seltene Mischung, muss sich doch der Lyrikleser oft für das eine oder andere entscheiden (um sich letztlich leider gänzlich abzuwenden). Man kann sie einmal oder auch mehrmals lesen, jedes Mal hat man etwas davon, eine Erkenntnis, einen Genuss.
In erster Linie schrieb er Landschafts- und sehr sinnliche, geradezu erotische Liebesgedichte, aber auch kurze, bündige Texte, die an Zeilen Bertolt Brechts erinnern, das „Lob des Vorletzten" (1971) zum Beispiel: „Den Sieger/kränzt Lorbeer./Noch den Sechsten/erwähnt die Statistik./Den Letzten/trägt die Glorio-

le,/mit Würde verloren zu haben./Wer aber gedenkt des/Vorletzten?"

Ein großer Verkaufserfolg mit in kurzer Zeit drei Auflagen und Übersetzungen in vier Sprachen war seine Elvis-Presley-Biographie von 1986, die erste deutschsprachige überhaupt, ein überaus ambitioniertes und kenntnisreiches Buch über den „King of Rock 'n' Roll".

„Open Air", ein Bericht über drei amerikanische Rock-Festivals, und „Psalmen, Pop und Punk", eine Gesamtdarstellung der populären Musik in den USA, folgten 1988 bzw.1993.

Für den Bildband „Die Puhdys" von 1983 verfasste er den Text. Als Manuskript abgeschlossen, jedoch in der Schublade geblieben, ist eine Biographie der Jazz-Legende Louis „Satchmo" Armstrong.

Seit 1975 wohnte das Ehepaar Fischer/Tilgner in Hohen Neuendorf in der Hermannstraße, einer stillen Seitenstraße zwischen Wasserturm und Chinesischer Himmelspagode, dem alten und dem neuen Wahrzeichen der Stadt, wenn man so will.

Warum gerade Hohen Neuendorf? „Ein Kollege aus der Oranienburger Zeit hat auf meine Bitte hin hier ein Haus ausfindig gemacht, das wir kaufen konnten (und durften). Aber es hätte auch ein anderer Ort sein können."

Wichtig war für ihn die Nähe zu Berlin, zu seiner Arbeitsstelle, dem Friedrichstadtpalast, auch später noch, als er ab 1982 als freischaffender Autor für die beiden Bücher über die amerikanische Pop-Musik in Westberlin („dessen Besuch mir der Schriftstellerverband der DDR, dessen Mitglied ich war, ermöglichte") recherchieren konnte.

In der Gemeinde selbst trat er (als Autor) wenig in Erscheinung, hatte hier „zwei oder drei Lesungen in kleinerem Kreis, anderes nicht." Auch mit Schriftstellerkollegen hatte er keinen Kontakt, nur gelegentlich mit Karl Reinhold Döderlin und Jürgen Rennert, dessen Gedichtband „Emma, die Kuh" er 1981 für den Kinderbuchverlag begutachtete. „Dabei kam es zum Krach zwischen mir und dem Verlag, weil der entgegen meiner Meinung einige kritische Gedichte vor der Veröffentlichung aus dem Manuskript herausnahm."

Menschliches Sonett

Eines Tages sind wir da.
Milch füllt unsern rosa Mund,
langsam wird die Erde rund,
und wir sagen Nein und Ja.

Dann verstehn wir, was geschah,
häufen geizig Fund um Fund,
geben unsre Wünsche kund,
und die Welt rückt uns zu nah.

Was wir tun, tun wir noch schnell,
schon verdämmert, was einst hell.

Wie ein Baum zur Wurzel dorrt,
schwinden mählich wir, und auch
unsre Wünsche gehn wie Rauch.
Eines Tages sind wir fort.

Aus: „Das älteste Handwerk" 1974

Zuletzt, seit 1990, lebte Wolfgang Tilgner zurückgezogen auf seinem Grundstück, schrieb zwar noch („was mir in den Kopf kommt"), veröffentlichte aber nicht mehr. („Ich wollte mich nach der Wende bei den Verlagen nicht mehr anstellen.") Das „freie Land", der große Garten, sie boten ihm „Beschäftigung und Ausgleich", und, so vermuten wir, Anreize zu Sinnlichkeit und Poesie.

Von 1952 bis 1995 wohnte der Lyriker, Essayist, Prosaautor, Übersetzer, Nachdichter und Herausgeber **Jürgen Rennert** in Hohen Neuendorf.
Nicht ganz freiwillig kam er hierher, nicht ganz freiwillig zog er wieder fort.
Geboren wurde er 1943 in Berlin-Neukölln. Dort wuchs er bei seiner Großmutter im amerikanischen Sektor auf. Nach ihrem Tod kam er im September 1952 zu seinen Eltern nach Hohen Neuendorf und wurde dort in die vierte Klasse eingeschult. „Ich war damals neun Jahre alt und hatte keine andere Wahl."
Nach einem Intermezzo in der Emile-Zola-Straße 18 zog die Familie in die Emmastraße 5 im so genannten Mädchenviertel, wo sich, so Rennert, „ein wesentlicher Teil meines familiären Lebens vollzog." Hier starb 1961 seine Mutter mit 41 Jahren, hier wohnten er und seine erste Frau Christa, die er 1963 geheiratet hatte, gemeinsam mit seinem 1974 verstorbenen Vater. Und hier pflegte er seine Frau, die 1989 verstarb.
Von 1959 bis zum Frühjahr 1962 lernte er Schriftsetzer in der Druckerei Walter Säuberlich. Anschließend war er anderthalb Jahre Hilfspfleger im Krankenhaus in der Niederheide. „Das schien mir sinnvoll, da ich auf Grund meiner Verweigerung des aktiven Wehrdienstes mit einer Inhaftierung rechnen musste", erinnert er in einem Gespräch 2010.
Ab 1964 arbeitete er als Werbetexter und -redakteur für den Berliner Verlag „Volk und Welt". Diese Tätigkeit unterbrach er im Mai 1966 für die anderthalbjährige Dauer des Wehrersatzdienstes als Bausoldat, was erst seit 1964 möglich war.
Im Oktober 1975 wagte er den Sprung in die freiberufliche Existenz eines Schriftstellers und Übersetzers.
Er veröffentlichte u. a. die Gedichtbände „Poesiealbum 75" (1973), „Märkische Depeschen" (1976) und „Hoher Mond" (1983), die Prosa- bzw. Essaysammlungen „Ungereimte Prosa" (1977) und „Angewandte Prosa" (1983) sowie die Kinderbücher

„Wie der Elefant entstand" (1980) und „Emma, die Kuh - und andres dazu" (1981).
Aus dem Jiddischen übersetzte er „Auch im Herbst blühen die Bäume" (1979) und „Eine Welt voller Wunder" (1985) von Mark Rasumny sowie von Scholem Alejchem „Schir-ha-Schirim - Roman einer Jugend" (1981). Ferner dichtete er aus dem Tschechischen, dem Russischen und dem Ungarischen nach.
1979 erhielt er den Heinrich-Heine-Preis. 1987 rief er mit der Kantorin Jalda Rebling und dem Theologen Stefan Schreiner die Berliner „Tage der Jiddischen Kultur" ins Leben.
Spielt Hohen Neuendorf in seinem Werk eine Rolle? „Nur marginal und sehr indirekt", sagt er selbst.
Tatsächlich gibt es von ihm die autobiographische Erzählung „Herzl & Herzel", ein Porträt seiner Eltern, zu denen er 1952 „unfreiwillig übergesiedelt" war.
Vater und Mutter stehen sich konträr gegenüber, so erlebt es der Sohn. Auf der einen Seite der Vater, seinerseits Sohn eines deutschjüdischen Vaters mit „Ariernachweis", der ihm in der Nazizeit das „Durchkommen sicherte", und seit der Vereinigung von SPD und KPD Mitglied der SED. Er schlägt sich als Maler und Gerüstbauer durch. „Ich weiß noch, wie es mich genierte, wenn ich ihn mit dem Leiterwagen durch den Ort ziehen sah, Richtung Hennigsdorf, um in Öfen zu verschwinden, die irgendeines Innenanstrichs bedürftig waren", heißt es in der Erzählung. Später, als der Vater „Angestellter der Werbeabteilung von ‚HO-Stalinallee' war, ging es aufwärts mit uns."
Auf der anderen Seite die „sanguinisch hochgespannte" Mutter, die in der Verwaltung einer Hygieneinspektion arbeitet und bereits 1961 an einem Tumor stirbt. Sie fühlt sich nur in Kirchenkreisen wohl und sehnt sich nach dem Westen, „allein mein Vater ließ sich zu keinem Wechsel bewegen."
Ständig gibt es Streit zwischen den Eltern, den der Junge, „hellwach unter den verklumpten Daunen meines Eisenbettes im angrenzenden Wohnzimmer kauernd und lauernd", miterlebt, was

„hinlangt als Begründung für manchen Fatalismus." Er schämt sich ihrer Ehe, „die sich unentwegt lauthals und wie zerrüttet gebärdete", und trotzdem ist die Liebe zu Vater und Mutter in jeder Zeile spürbar.

Nachzulesen ist „Herzl & Herzel" in der Anthologie „Mein Vater - meine Mutter", 1986 herausgegeben von Walter Nowojski im Verlag Neues Leben. Ein berührender Text, der demjenigen, der sich für die Zeit der 1950er Jahre und für das alltägliche Leben in Hohen Neuendorf interessiert, Bücher zu ersetzen vermag.

Ferner hat Jürgen Rennert ein sehr schönes elegisches Gedicht geschrieben, „Der Salon", aufgenommen in den „Märkischen Depeschen", in dem eine Lebenssituation, die des Dichters, in einem Ort „nördlich der Stadt" (Berlin) poetisch umkreist wird.

Der Salon

Die garstigen Acker, nördlich der Stadt, brechen auf
Unter der Mittagssonne im Juli.
Das Geziefer hat seine Zeit. Die Blätter
Des Birnbaums verbrennen am lebendigen Leibe und
Der Abend kommt nicht.

Aber ich sitze da. Unter verwehenden blauen Gardinen
Im Salon meiner Abende,
Wo auch der Samowar seinen Platz hat,
Bunte und kühne Gedanken die Wände zerfenstern,
Nördlich der Stadt, mittags.

Nördlich der Stadt und mittags erhebt sich das Geschrei
Alles Gequälten. Der brennende Birnbaum gibt seinem Bruder
Vor meinem Fenster letzte und ferne Zeichen.
Der Boden verdurstet, was soll ich tun, ist mein Salon
Nicht die stärkste Aktion, nördlich der Stadt
Und mittags im Juli?

„Der Eindruck täuscht nicht, das Gedicht entstand 1963 in der Emmastraße im Mädchenviertel, in der ich damals wohnte", bestätigt Jürgen Rennert auf Nachfrage.
Als Autor in Hohen Neuendorf öffentlich aufgetreten ist er nicht, aber er war jahrelang Mitglied in dem von seiner Frau Christa geleiteten Chor der Kirchengemeinde, gehörte eine Wahlperiode lang dem Gemeindekirchenrat an und hat zwei oder drei Mal während der Urlaubszeiten des Pfarrers die Predigten verfasst und gehalten. Diese sind nachzulesen in der „Ungereimten Prosa".
Gefragt, ob er mit Schriftstellerkollegen im Ort Kontakt hatte, erinnert er, „dass mein Klassenkamerad Gert Neumann – ein Sohn der für einige Zeit in Hohen Neuendorf lebenden Schriftstellerin Margarete Neumann – in der achten Klasse der Erste war, dem ich meine Gedichte zeigte und der in ermutigender Weise zuhörte. Er zog bald aus Hohen Neuendorf fort, erlernte den Beruf eines Traktoristen, studierte bis zu seiner Exmatrikulation am Leipziger Literaturinstitut und konnte – im Unterschied zu mir – seine Arbeiten nur in der Bundesrepublik veröffentlichen."
Dem Lyriker Wolfgang Tilgner begegnete Rennert, als dieser Anfang der 1980er Jahre „ein freundliches und befürwortendes Gutachten" zu seinem Kinderbuch „Emma, die Kuh - und andres dazu" verfasste.
„Nahezu freundschaftlich" war er dem Pfarrer und Schriftstellerkollegen Alfred Otto Schwede verbunden, der seit 1976 in Hohen Neuendorf lebte.
„Von unschätzbarem Wert" war für ihn vor dem Bau der Mauer 1961 „das angrenzende Westberlin mit seinen fensteröffnenden kulturellen Angeboten. Ich werde nie", so Rennert, „meinen mehrfachen Besuch der großen ‚Expressionismus-Ausstellung' vergessen, die 1960 von der Westberliner Akademie der Künste veranstaltet wurde. Hier empfing ich vermutlich die wesentlichen

Impulse für mein eigenes Werden und Schreiben. Unauslöschlich haben sich mir die Ausstellungen mit Arbeiten von Henry Moore, Paul Klee und den Fauvisten eingebrannt. – Und die wiederholten Begegnungen mit Jean Cocteaus ‚Orphee'-Film in der ‚Filmbühne am Steinplatz' waren für mich und mein Selbstverständnis entscheidend.
Nach dem Mauerbau gestaltete sich die Fahrt nach dem nunmehr einzig noch zugänglichen Teil Berlins erst einmal sehr umständlich. Es dauerte Monate, bis die Gleise nach Berlin im Außenring verlegt wurden. Die schließliche Verkürzung der Fahrzeiten erwies sich nicht nur für die Autoren des Ortes als hilfreich. Nun waren das Berliner Ensemble, die Komische Oper, das Brechthaus, der Club der Kulturschaffenden in der Otto-Nuschke-Straße und das Konzerthaus am Gendarmenmarkt Punkte von inspirierender Bedeutung."
Mit der Abwicklung vieler Verlage verabschiedete sich Jürgen Rennert von seiner freiberuflichen Existenz. Von 1990 bis 2005 arbeitete er als Programmplaner und Referent für Öffentlichkeitsarbeit beim Kunstdienst der Evangelischen Kirche im Berliner Dom und war dessen stellvertretender Leiter.
In der Emmastraße 5 in Hohen Neuendorf wohnte er auch noch mit seiner zweiten Frau Johanna Rennert-Mönch, die er 1994 geheiratet hatte. 1995 aber musste er das Haus, in dem er 43 Jahre gelebt hatte, verlassen, „nachdem", O-Ton Rennert, „im Verlauf der Rückübertragungsansprüche des vereinigten Deutschlands das bis dahin kommunal verwaltete und von zwei Familien bewohnte Haus in die Hände eines entfernten Verwandten des im bayrischen Rosenheim verstorbenen Vorbesitzers kam, der es zu veräußern gedachte und schließlich veräußert hat." Er zog nach Berlin-Kreuzberg.
Ein Satz in einem aktuellen Literaturlexikon (von Walther Killy) lässt aufhorchen. „Ausbleibendes Echo ließ ihn auf eine Weiterführung seiner lyrischen Arbeiten verzichten", heißt es darin.

Das stimmt nicht, Jürgen Rennert denkt gar nicht daran, in Sachen Lyrik auf irgendetwas zu verzichten. Kontinuierlich veröffentlicht er neue Gedichte, nutzt dabei auch die Möglichkeiten des Internets. Die Gedichtsammlung „Verlorene Züge" ist zum Beispiel unter www.rennert.de abrufbar. „Dieser Band, der seit nunmehr 18 Jahren im Netz steht und auf seinen Doppelseiten vorwiegend Texte aus den Jahren 1985 bis 1999 versammelt, gehört mit all seinen Ergänzungen, Verweisen und Aktualisierungen den LeserInnen", schreibt der Autor in einer Vorbemerkung.
Eine aktualisierte und erweiterte Print-Ausgabe der „Verlorenen Züge" ist als Book-on-Demand-Titel der Reihe „Lyrikedition 2000" erschienen.
Immer wieder sucht Jürgen Rennert den Dialog mit bildenden Künstlern. Zeichen dessen sind die Gedichtausgaben „Noachs Kasten" (2003) mit elf Farbcollagen von Agathe Böttcher und „Hiobs Botschaft" (2005) mit Bildern von Hannelore Teutsch im Verlag Hentrich & Hentrich, „Zeit und Unzeit der Engel" mit sechs farbigen Originalgrafiken von Matthias Gubig 2013 und „Konjugation durch alle Zeiten" mit Originalholzstichen von Karl-Georg Hirsch innerhalb der bibliophilen Edition „Zwiedruck" 2014.
Seit 2014 leben er und Johanna Rennert-Mönch im Gemeindeteil Krumbeck der Stadt Putlitz in der Prignitz.

Ein – ähnlich A. O. Schwede – ungemein fleißiger Autor war der Theologe **Paul Toaspern** (1924-2012), der mit Gedichten, Aphorismen, Liedtexten, Artikeln und Sachbüchern, aber auch als Herausgeber und Übersetzer einen breiten Wirkungs- beziehungsweise Leserkreis fand.
Geboren wurde er in Luckenwalde. Nach dem Studium der Germanistik und Geologie von 1945 bis 1949 in Kiel (Dr. phil.) und der Theologie von 1949 bis 1953 in Kiel, New York und Berlin-

West (Dr. theol.) siedelte er in die DDR über, da dort großer Pfarrermangel herrschte.

Von 1954 bis 1959 stand er im Gemeindedienst, zunächst in einer Land-, dann in einer Stadtgemeinde (Jüterbog) im Fläming.

1959 wurde er nach Berlin berufen, erhielt jedoch als ehemaliger und „politisch unzuverlässiger" Westbürger keine Zuzugsgenehmigung für die Hauptstadt, so dass er für sich und seine Familie 1961 das Haus in der Hubertusstraße in Hohen Neuendorf kaufte.

Mit der Zeit lernten jedoch auch er und seine Frau Ursula, die er 1953 geheiratet hatte, das Leben in einer Randgemeinde schätzen, die Ruhe des Wohnortes einerseits, das pulsierende Leben in der nahen Großstadt andererseits.

Bis 1989 arbeitete Paul Toaspern in der Zentrale des Diakonischen Werkes der Evangelischen Kirche und war zugleich Hauptgeschäftsführer der Arbeitsgemeinschaft Missionarischer Dienste in der DDR.

Als Schriftsteller oder Dichter im engeren Sinne verstand er sich nicht, vielmehr stellte er sein Schreiben von vornherein in den Dienst einer Aufgabe, die er selbst als „volksmissionarisch" bezeichnete. Er wollte dazu beitragen, dass der Leser „den Glauben besser versteht".

Auch war es nie sein Ziel, freischaffend zu arbeiten, ganz abgesehen davon, dass man auf dieser Grundlage keine Familie – er hatte sieben Kinder – ernähren konnte. Auf Alfred O. Schwede angesprochen, meinte er, bei dem sei es anders gewesen, der habe Romane geschrieben. Also schrieb er in seiner freien Zeit, neben der Arbeit.

Angesichts dessen ist der Umfang seines Werkes erstaunlich, über fünfzig Titel veröffentlichte er in Ost und in West (dort auch schon zu DDR-Zeiten).

Den Auftakt bildete 1963 eine Biographie „Arbeiter in Gottes Ernte" über den Theologen und Landesbischof Heinrich Rendtorff. Besonders am Herzen lag ihm die Biographie über die Diakonisse Eva von Tiele-Winckler, „Mutter Eva. Ein Leben aus der

Stille vor Gott", erstmals 1966 und überarbeitet 1995 mit Fotos von Gerhard Schnarr erschienen, und das Buch „Auschwitz. Verse gegen das Vergessen" von 2005, das im Rahmen der so genannten Versöhnungsarbeit, in der er jahrzehntelang mitwirkte, entstand.

Viel gelesen wurden die „Lebensgeschichten" von Christen in der DDR, die er herausgab, ungefähr zu der Zeit, in der die so genannte „Protokoll-Literatur" die zeitgenössische Literatur zu bereichern begann.

Mitten im Strömen Zeit

Rastlos ist unser Leben,
wie die Wolken wehn,
Werden, Erwachen und Streben,
Schaffen und Heimwärtsgehn.

Insel, wo bist du im Treiben,
Stätte im lichtlosen Meer,
wo die Seele darf bleiben
ohne Hast und Begehr.

Hände, die still mich fassen
mitten im Strömen Zeit,
ich will euch nimmer lassen,
die mich ins Licht befreit!

Aus: „Geheimnis der Freude. Geistliche Gedichte" 1965

Kannte er Künstlerkollegen in Hohen Neuendorf? Neben Alfred O. Schwede, den er Ende der 1980er Jahre häufig am Krankenbett besuchte – man hatte sich auf Konferenzen und im Zuge der Kirchgemeindearbeit kennengelernt – Pfarrerin Renate Vogel in Stolpe und den Schriftsteller Jürgen Rennert. Außerdem das Maler- und Illustratorenehepaar Kurt und Charlotte Josephski aus dem Mädchenviertel, deren Werk in jüngster Zeit für den Ort (und die Kunstgeschichte) wieder entdeckt wurde. Charlotte Josephski gestaltete überdies für zwei seiner Bücher die Schutzumschläge.

Ein Höhepunkt für ihn war nach eigenen Worten die Uraufführung der „Musikalischen Betrachtungen" anlässlich der Feierlichkeiten zum 100. Kirchweihjubiläum der Hohen Neuendorfer Kirche im Februar 2009, eine Vertonung seines Textes über die Kirchenfenster durch den Kirchenmusiker und Komponisten Manfred Schlenker.

Als Lyrikerin an die Öffentlichkeit trat **Felicitas Christine Vogel**. Sie wurde 1954 in Luckenwalde geboren und zog mit der Familie 1961 nach Hohen Neuendorf, wo sie bis 1971 wohnte. Heute lebt sie in Berlin.

Vier Bücher mit einer Auswahl ihrer Gedichte erschienen bislang: „es bleiben die Bilder" 2006, „Musik vom roten Cembalo" 2007, „Nachtrauschen Tagrauschen" 2008 und „die Stille vor dem ersten Ton" 2011.

Es sind Gedichte in einem ganz eigenen, sehr konzentriert wirkenden Ton. „Meine Art, das Leben wahrzunehmen, wird Bild. Das man annehmen kann. Um vielleicht selbst eine Weile darin zu wohnen. Und um von dort hinauszusehen auf die Bilder dahinter ...", sagt die Autorin selbst.

---

die Hoffnung
ist vielleicht
ein Ufer

mehr Land ist nicht

Aus: „es bleiben die Bilder" 2006

Obwohl **Kurt Drawert** (geb. 1956) in Hohen Neuendorf „nur" aufgewachsen ist, hat er hier nach eigener Aussage – in einem Gespräch zu seinem 50. Geburtstag 2006 – seine „schönsten Jahre" verbracht.
Heute zählt er zu den wichtigsten Schriftstellern seiner Generation, veröffentlichte Gedichte, Essays, Prosa, Theaterstücke und Hörspiele, gab aber auch vielbeachtete Anthologien (u. a. „Lagebesprechung. Junge deutsche Lyrik" 2001, „Die Signatur deiner Augen. Junge Lyrik aus Deutschland und der Türkei" 2015) heraus.
Geboren wurde er (als Kurt Müller) in Hennigsdorf, gewohnt hat er dort nie, sondern bis 1961 in Borgsdorf und anschließend in Hohen Neuendorf. „Mit meiner Einschulung 1962 zogen wir in die Niederheide nach Hohen Neuendorf in die Grillparzerstraße."
An die Schule kann er sich noch gut erinnern, „eine ehemalige Kriegsbaracke, fünf Minuten Gehweg von unserem Haus entfernt. Heute ist da eine Firma drin, soweit ich weiß." (Die Baracke in der Goethestraße wurde vor einigen Jahren abgerissen, an ihrer Stelle befindet sich eine Kindertagesstätte der Arbeiterwohlfahrt.)
Erinnern kann er sich auch noch an den so genannten „Baggerschacht" (nach aktuellem Stadtplan „Hasenkuhle"), der südlich der Goethe- bzw. Havelstraße in Richtung Bahndamm des Berliner Außenrings lag. „Damals gab es dort einen See, in dem ich als Kind gebadet habe."
Auf dem Sportplatz an der Niederheide, der damals freilich noch ein Schlackeplatz war, spielte er Fußball oder lief zum nahe gelegenen Havelufer hinunter.
„Ich fühle mich dieser Landschaft tief verbunden", bekennt er in dem Gespräch, „und wenn ich heute sagen müßte, was ich als meine Heimat empfinde, dann wäre es wohl dieses Brandenburgische Land. Die Havel, die kleinen Seen, die weiten Heiden und dichten Kiefernwälder."

Ab der sechsten Klasse wäre Drawert, wie es damals üblich war, an die „Rote Schule" (Polytechnische Oberschule „Ernst Schneller") in der Berliner Straße im Zentrum Hohen Neuendorfs gewechselt, aber dazu kam es nicht, 1967 zog die Familie – der Vater arbeitete bei der Polizei, war ein hoher Kriminalbeamter – nach Dresden weiter.

Die Heirat mit Achtzehn (1974) sei auch so etwas wie eine „Flucht aus dem Elternhaus" gewesen, erfährt man aus dem Buch „Zu Hause im Exil" von Jürgen Serke, in dem fünfzehn Schriftsteller, „die eigenmächtig in der DDR blieben", porträtiert werden.

Früh weigerte Drawert sich, die Sprache seines Vaters zu benutzen. „Ich habe rechtzeitig den inneren Kontakt unterbrochen und bin davongegangen, um dieses Bildnis der Lüge nicht länger zu sehen, das mich umgab", so wird er in dem Porträt zitiert.

Er sprach nicht mehr, ging in „Konfrontation zur Sprachgewalt des Vaters", des Staates, der herrschenden Ideologie, indem er zu schreiben begann. Der schriftliche Ausdruck bekam für ihn „existentielle Bedeutung", das Ich auf dem Papier wurde zum „Ort des Widerstands".

Dieses Grund- oder Lebensthema spielt auch in der Erzählung „Irina" aus dem Band „Steinzeit" (Suhrkamp Verlag 1999) eine Rolle, die nach Drawerts Bekunden „mehr oder weniger" auf die Hohen Neuendorfer Schulzeit zurückgeht.

In dem siebenseitigen Text wird von einem Mann namens Lampe erzählt, der der „mächtigste Mann in der Stadt" war und Reden hielt zu fast jedem Anlass, aber Irina, seine Tochter, hatte Hemmungen zu sprechen.

Sie besaß eine Sonderstellung in der Klasse, ihres Namens wegen, der „russisch klang", und alles, was mit der „großen Sowjetunion" zu tun hatte, war unbeliebt, und wegen ihrer „Freizügigkeit uns Jungs gegenüber", die anzog und abstieß zugleich.

Und nicht zuletzt wegen ihres Vaters, des Funktionärs, der zu den Jugendstunden in die Schule kam und „die Angewohnheit hatte, sich immer einen herauszusuchen, als wäre er straffällig geworden, und dann sprechend so nah an ihn heranzukommen, dass ihn sein Atem und Tropfen von Speichel berührten. […] Ja, dieser Mann, wenn er es nur gewollt haben würde, so konnte er uns verschlingen noch vor den Augen unserer Eltern."

Einmal war der Mann Lampe in der Klasse auf der Suche nach „kleinen Transistoren, um zu prüfen, wie sie eingestellt waren." – „Ehrlich jetzt, wer hört Soldatensender? Nun, Irina? fragte er plötzlich an seine Tochter gewandt, als wäre sie mit ihm nicht verbunden und Leben seines Lebens gewesen."

Doch Irina schweigt, sie verrät ihre Mitschüler nicht und stellt sich damit gegen ihren Vater, ein Akt des Widerstands, der sich bei allen einprägt. „Wir waren so sehr dankbar und glücklich, es war ein Geschenk."

Und der Leser hofft für Irina, dass ihr Schweigen gegenüber dem Vater der Beginn für sie war, eines Tages wieder frei sprechen zu können.

In Dresden erlernte Drawert den Beruf eines Elektronikfacharbeiters, holte das Abitur an der Abendschule nach und arbeitete mehrere Jahre in der Sächsischen Landesbibliothek („die intensivsten Lesejahre meines Lebens"). Von 1982 bis 1985 studierte er am Institut für Literatur in Leipzig, wo er nach dem Studium auch wohnen blieb.

Nach der Wende 1989/90 folgten ruhelose Jahre, in denen er zwischen West- und Ostdeutschland hin- und herpendelte. „Nirgendwo bin ich angekommen./Nirgendwo war ich zuhaus", heißt es in dem Gedicht „Ortswechsel".

Seit 1996 lebt er mit seiner Frau, der Fotografin Ute Döring, in Darmstadt, wo er das Zentrum für junge Literatur leitet. Mit ihr gemeinsam brachte er das Buch „Emma. Ein Weg. Flaubert-Essay" 2005 heraus.

Die Mehrzahl seiner Bücher erschien zunächst im Suhrkamp Verlag in Frankfurt am Main, u. a. „Privateigentum" (Gedichte 1989), „Spiegelland. Ein deutscher Monolog" (Roman 1992) und „Frühjahrskollektion" (Gedichte 2002).
2008 sorgte er mit dem sprachlich grandiosen Roman „Ich hielt meinen Schatten für einen anderen und grüßte" (C. H. Beck Verlag München) für Aufsehen, der „vor kaltem Zorn klirrenden Abrechnung Drawerts mit der DDR" (Fritz J. Raddatz).
Beim Beck-Verlag blieb er nun auch, veröffentlichte zuletzt „Idylle, rückwärts. Gedichte aus drei Jahrzehnten" (2011), „Schreiben. Vom Leben der Texte. Monographie" (2012), „Was gewesen sein wird. Essays 2004 bis 2014" (2015) und „Der Körper meiner Zeit. Gedicht" (2016).
Mehrmals hielt er sich als Stipendiat im Ausland auf, u. a. in Polen, Tschechien, Schweiz, Frankreich und in der Türkei; dort erschienen auch Bücher von ihm, zum Beispiel der Band „La dernière image/Das letzte Bild. Gedichte deutsch und französisch", Paris 2003.
Zeichen der Anerkennung für seine schriftstellerischen Arbeit sind zahlreiche Literaturpreise, die er im Laufe der Jahre erhielt, so 1989 den Leonce-und-Lena-Preis für Lyrik der Stadt Darmstadt, 1993 den Ingeborg-Bachmann-Preis in Klagenfurt, 1994 den Uwe-Johnson-Preis, 1997 den Nikolaus-Lenau-Preis, 2013 den Werner-Bergengruen-Preis, 2014 den Robert-Gernhardt-Preis und 2017 den Lessing-Preis des Freistaates Sachsen, um nur die wichtigsten zu nennen.
„Ich glaube daran, dass die Landschaft der Kindheit eine Art ‚Urtext' ist, auf den sich alle späteren Landschafts- und Kulturerfahrungen legen wie auf eine Matrize, um mit ihm verglichen zu werden", sagt Drawert. „Nun gibt es unendlich viele schöne Gegenden auf der Welt, die alle unverwechselbar sind und ihren jeweils eigenen Charakter haben; und dennoch bleibt man eher ein wenig kühl, wenn man sie anschaut und erlebt. Und das ist der Unterschied zu dem, was ich heute Heimat nennen würde."

Mitte der 1990er Jahre war er in Hohen Neuendorf, um das Grab seines Großvaters auf dem Friedhof zu besuchen. Ein Satz, den er einmal in Australien von einem anderen Reisenden hörte, geht ihm nicht mehr aus dem Kopf: „Leben kann man überall, begraben werden nicht."

Das kleine Stolpe mit seinen 350 Einwohnern, vom großen Nachbarn Berlin(-Frohnau) nur durch die Stolper Heide getrennt, war und ist nicht nur ein Dorf der Landwirte, Gasthofbesitzer und Pferdenarren, auch Dichter und Denker waren und sind hier zu Hause.

Zu ihnen zählen die Lehrer Adolf Krüger und Wilhelm Lahn. In der Zeit, in der sie lebten, war Stolpe-Dorf – nicht zu verwechseln mit dem nahen Stolpe-Süd, das erst 1929 gegründet wurde und zu Hennigsdorf gehört – noch eine eigenständige Gemeinde, erst 2003 wurde es in die Stadt Hohen Neuendorf eingemeindet.
Adolf Krüger, 1819 in Haage südlich von Friesack im Havelland geboren, unterrichtete an verschiedenen Schulen in Brandenburg, u. a. in Hennigsdorf und Kremmen.
1867 publizierte er eine „Chronik der Stadt und Festung Spandau. Von den ältesten Zeiten bis auf die Gegenwart". Es gibt aber auch literarische Arbeiten aus seiner Feder, den „Amtmann Rübheim" zum Beispiel, Untertitel „Humoristische Bilder", der 1886 erschien.
1889 zog er nach Stolpe, wo er seinen Ruhestand verbrachte und 1902 starb.
Der zweite schreibende Stolper, auch er ein Lehrer, war **Wilhelm Lahn,** der von 1855 bis 1896 im Dorf lebte und hier in seinem Beruf arbeitete. Geboren wurde er 1832 in Zootzen bei Wittstock.

Seltsamerweise reklamiert auch Zootzen bei Fürstenberg/Havel Wilhelm Lahn für sich. In seiner Autobiographie heißt es aber eindeutig: „In der Nähe der märkischen Stadt Wittstock liegt auf einer von zwei Bächen gebildeten Insel das Dorf Zootzen. Und hier war meine Wiege."

Lahn hatte kein einfaches Leben, seit seiner Kindheit nicht, die er in bitterer Armut verbrachte.
Auf die für ihn typische, mitunter an Sarkasmus grenzende Art und Weise schreibt er über seine Geburt: „Da schon acht lebende Kinder vorhanden und teilweis schon aus dem Hause waren, so konnte es nicht befremden, daß mein Eintritt in die Welt ungern gesehen wurde, und mein Vater in das von ihm geführte Tagebuch bei meinem Namen die Bemerkung machte: ‚Er sollte nicht kommen; und kam doch!' Ich wurde also als überflüssig angesehen und von Eltern und Geschwistern jedenfalls nicht freudig begrüßt, und hätte ich hiervon bei meiner Ankunft eine Ahnung gehabt, hätte ich dieser undankbaren Welt wohl gleich wieder den Rücken gekehrt." (Aus: „Noch einmal seh ich alles wieder. Erinnerungen eines Fünfundsiebzigjährigen" 1906)
Die Armut verließ ihn zeitlebens nicht, trotz der festen Anstellung in Stolpe. Der Lehrerberuf war ein schlecht bezahlter und er hatte eine große Familie zu ernähren.
„Von morgens 7 bis abends 8 Uhr war ich – mit Abrechnung einer Mittagsstunde – tätig, und es gelang mir, einige Notgroschen zurückzulegen, die es mir ermöglichten, die Ärzte für meine Frau zu bezahlen und ihr ein anständiges Begräbnis auszurichten, denn alle Kunst hatte sie mir nicht zu retten vermocht; sie starb im September 1868, und ich stand mit vier Kindern im Alter von 3 bis 10 Jahren allein. [...] Ich mußte mir eine Haushälterin nehmen, die mich betrog, wo sie nur irgend Gelegenheit fand, und nachdem ich dies Schicksal ¾ Jahre erduldet hatte, mußte ich mich entschließen, zu einer zweiten Ehe zu schreiten."
Hinzu kam, dass er ein Drittel seines Einkommens seinem Vorgänger, der 82 Jahre alt wurde, als Pension überlassen musste.
Da „Gartenbau, Bienenzucht und Privatunterricht nicht genug einbrachten", versuchte er, „auch mit der Feder zu verdienen", und verfasste und veröffentlichte im Laufe der Jahre so unterschiedliche Titel wie „Der Volksmund in der Mark Brandenburg"

(1868, Reprint 1976) und „Der Honig" (1884), ein Fachbuch mit dem schönen Untertitel „Lehre der Honig-Verwertung: Anweisungen zur Fabrikation von Met, Wein, Champagner, Likör, Sirup, Essig, moussierender Limonade und Alkohol".

Der „Volksmund in der Mark Brandenburg", gemeinsam mit dem Berliner Lehrer und Rektor August Engelien 1868 herausgegeben, ist eine Sammlung von Sagen, Märchen, Spielen, Sprichwörtern und Gebräuchen der Region, die die beiden Herausgeber mit Anmerkungen und Kommentaren versehen haben.

Außerdem war Wilhelm Lahn Mitherausgeber eines „Volksschul-Lesebuches" (1885), das noch jahrzehntelang von den Schülern im Unterricht benutzt wurde.

Ferner führte er von 1878 bis 1896 die Schulchronik des Ortes, die damals von jeder Schule auf königlichen Erlass geführt werden musste. Sie wurde bis 1944 fortgeführt und ist heute noch erhalten.

Auch gewerkschaftlich engagierte er sich, zum Beispiel im Lehrerverband der Provinz Brandenburg, dessen Organ, die „Preußische Schulzeitung", er redigierte. Im Pestalozzi-Verein setzte er sich dafür ein, die Versorgung der Lehrerwitwen zu verbessern. „Ich kenne die Zeit noch, in der sie [...] mit Arbeiterfrauen ein Zimmer teilten und, um sich vor Hunger zu schützen, als Kinderfrauen oder Tagearbeiterinnen in Dienst gingen."

So manches Mal haderte er mit seinem Schicksal: „Von meiner Dienstzeit habe ich 41 ¼ Jahr in Stolpe gewirkt. Wahrlich eine lange Zeit! Eine ganze Generation, könnte ich behaupten, ist unter meiner Zucht aufgewachsen; denn Enkel meiner ältesten Schüler haben noch zu meinen Füßen gesessen. Meist hatte ich über hundert Kinder in einer Halbtagsschule zu unterrichten, also keine leichte Arbeit, und die Erfolge wurden dadurch noch gehemmt, daß eine größere Anzahl von Schülern von außerhalb des Ortes gelegenen Etablissements, sogar von jenseits der Havel kamen und bei schlechtem Wetter, Sturm und Eisgang dem Unterricht oft tagelang fernblieben."

Trotzdem war er ein lebensfroher, humorvoller Mann und zog am Ende seines Lebens (in seiner Autobiographie) eine positive Bilanz: „Es gibt nur ein Stolpe!"
Gestorben ist Wilhelm Lahn 1907 in der Villenkolonie Hohen Neuendorf am damaligen Bahnhof Stolpe (heute Stolper, Ecke Berliner Straße), seinem „Altersitz", an „Herzlähmung bei der Arbeit", wie es in einer Quelle heißt.
Das Grab auf dem Dorffriedhof in Stolpe existiert nicht mehr. Am ehemaligen Schulgebäude befindet sich jedoch eine Gedenktafel, die von seiner Urenkelin Hildegard Kietzke aus Berlin-Frohnau gestiftet wurde. „Hier lebte und wirkte von 1855-1896 Wilhelm Lahn. Lehrer-Kantor-Dichter", ist darauf zu lesen.
Ob Krüger und Lahn sich wohl näher kannten? Davon einmal abgesehen, dass man sich in einem kleinen Dorf wie Stolpe vermutlich zwangsläufig über den Weg lief, ist ihre Zusammenarbeit an einem Buch belegt, den „Gelegenheits-Gedichten für Schule, Haus und Leben", das über 300 Gedichte „zu allen festlichen Vorkommnissen" enthält.
Gesammelt und „zum Besten des Pestalozzi-Vereins der Provinz Brandenburg" 1876 herausgegeben wurde es in zwei Teilen von Wilhelm Lahn „unter Mitwirkung von [u. a.] A. Krüger", wie es im Untertitel heißt.
Fünf oder sechs Autoren steuerten hier ihre Verse zu Hochzeit, Todesfall, Geburtstag, Neujahr usw. bei.
„Das Jahr ist hingezogen/Gleich einem süßen Traum –/Dahin wie Meereswogen,/Wie Sturm am Waldessaum", betrauert Wilhelm Lahn „Einem Freunde" gegenüber das Ausklingen des alten Jahres, um ihm, dem Freund, kurz darauf freudig zuzurufen: „Gieb mir die Hand! ... wir treten/Zur Schwell ins neue ein ..."
Und Adolf Krüger – war er vielleicht der Freund? – hat einen „Allgemeinen Neujahrswunsch": „Die dunkle Nacht durchbricht ein heller Morgen,/Ein neues Jahr beginnt nun seinen Lauf:/So soll der Blick, erhellt von trüben Sorgen,/Sich wenden dankerfüllt zum Himmel auf ..."

Bekannt geworden, über die Grenzen Stolpe, Hohen Neuendorfs hinaus, ist sie mit der Idee und Organisation der „Stolper Abendmusiken", einer musikalischen Veranstaltungsreihe auf hohem Niveau, aber daneben hat sie auch literarische Spuren hinterlassen, die Stolper Pastorin **Renate Vogel** (1942-2006).

An die Anfänge der Konzerte vor einigen Jahren in der Dorfkirche, die heute fortgeführt werden, kann ich mich noch gut erinnern, nicht nur der Musik wegen. Begrüßt wurde man am Eingang zum Kirchenraum von einer großen, blonden und schönen Frau, die den Besucher mit ihrer warmen, freundlichen Stimme und einem „Herzlichen Willkommen" begrüßte, bevor sie ihm ein Blatt Papier, auf dem das musikalische Abendprogramm aufgelistet war, in die Hand drückte.

Hatte man zuvor noch ein etwas banges, möglicherweise von einem schlechten Gewissen geprägtes Gefühl, das sich stets einstellte, wenn man als „Ungläubiger" ein Gotteshaus betrat (ich habe nie ergründet, woher es kam), so verlor es sich spätestens jetzt, wenn die Pastorin Vogel in der Tür stand und den Gast begrüßte.

Jeder konnte sich an diesen Abenden an diesem Ort zu Hause fühlen. Ihre klugen einleitenden Worte, mit denen sie die Besucher und die Musiker begrüßte, die Musik dann natürlich selbst und zum Abschied die Zitate aus der Bibel und ihre Wünsche für den Heimweg luden dazu ein, ohne je aufdringlich zu wirken.

Einmal, erinnre ich, sangen wir zum Schluss auf ihren Vorschlag hin das Lied „Der Mond ist aufgegangen" von Matthias Claudius. Das war das erste und bisher einzige Mal, dass ich in der Kirche unbefangen sang, und glücklich stolperte ich anschließend im dunkelroten Licht des Sonnenuntergangs übers Stolper Feld in Richtung Frohnau zur S-Bahn.

Von ihrer Arbeit als Pastorin in Stolpe, von ihrem „Vor-Leben" und auch davon, dass sie literarische Texte schrieb, wusste ich damals nichts.

Davon erfahre ich erst, als ich ihren Mann Traugott Vogel im Zuge meiner „Ermittlungen" zum Lehrer Wilhelm Lahn und zur Stolper Ortsgeschichte einige Jahre später und nach ihrem viel zu frühen Tod aufsuche. Nebenbei, das erste Pfarrhaus, das ich betreten, der erste Pfarrer, dem ich allein und im Gespräch gegenübersitzen werde.

Doch schnell weicht alle Befangenheit. Bereit gelegt hat Herr Vogel für mich Bücher, in denen Texte von Renate Vogel veröffentlicht sind. Ihm scheint sehr daran gelegen, so mein Eindruck, dass nicht nur die Erinnerung an sie, an ihre Persönlichkeit, sondern auch an das, was sie schrieb, fortbesteht, besser: fortlebt.

Doch zunächst (und nachdem meine Fragen zu Wilhelm Lahn und Stolpe beantwortet sind), frage ich ihn nach ihrem Lebenslauf.

Geboren ist sie 1942 in Sülstorf bei Schwerin, und aufgewachsen mit drei Geschwistern in einem gästereichen ländlichen Pfarrhaus, das für alle Facetten des kulturellen Lebens aufgeschlossen war, erzählt Herr Vogel. Anfang der 1950er Jahre zog die Familie nach Rostock, wo der Vater zum Pfarrer an der Marienkirche berufen worden war.

Nach dem Abitur 1961 studierte sie in Rostock und Greifswald Theologie. Dort, in Greifswald, schloss sie als Assistentin an der Theologischen Fakultät ein begleitendes Studium der Kunstgeschichte ab.

Zur geplanten Tätigkeit im Kirchlichen Kunstdienst der Mecklenburger Landeskirche kam es allerdings nicht, berichtet Pfarrer Vogel weiter, denn 1972 heirateten sie und entschieden sich für Berlin als Wohnsitz. Er war damals Dozent an einer theologischen Ausbildungsstätte. 1972 und 1974 wurden ihre beiden Kinder geboren.

Warum nun ausgerechnet Stolpe, hat Berlin Ihnen nicht mehr gefallen?

Herr Vogel lächelt, wahrscheinlich konnte man es sich nicht aussuchen. 1981 zog die Familie hierher, Renate Vogel schloss mit

dem Vorbereitungsdienst ihre theologisch-kirchliche Ausbildung ab und war seit 1984 bis zum Eintritt in den Ruhestand 2004 Pastorin in der Kirchengemeinde Hohen Neuendorf/Stolpe.
Zu ihren Aufgaben gehörte unerwartet die Renovierung der alten Dorfkirche, die sich zu einem sehr großen und aufwendigen, aber auch sehr schönen Projekt ausweitete.
Wann und aus welchem Anlass hat sie zu schreiben begonnen?
Sie schrieb viele Gebrauchstexte, so würde er sie nennen, antwortet Herr Vogel. Aus einem solchen Text für Kinder wuchs ihre erste eigenständige Veröffentlichung hervor, das Büchlein „Christopherus, Martin, Georg und Nikolaus. Geschichten zum Vorlesen", 1978 in Berlin erschienen. Zwei dieser Versgeschichten wurden vertont und mehrfach aufgeführt. Weiterhin veröffentlichte sie in Anthologien der Evangelischen Verlagsanstalt („Anzeichen" 5 und 6) Erzählungen.
Wir schweigen. Mein Blick wandert durch den großen, hellen Raum des Pfarrhauses, bleibt hängen an Büchern, Bildern und plastischen Figuren. Herr Vogel zögert einen Moment, ehe er weiterspricht.
Vieles war für den Ruhestand geplant. Für das Stolper Ortsjubiläum im Herbst 2005 waren die Vorarbeiten für eine Ortschronik abgeschlossen. Die Krankheit verhinderte die Vollendung, Renate Vogel starb am 13. Juli 2006.
Ich blättere in dem Buch „frühmorgens", das er 2007 nach ihrem Tod herausgab.
84 Andachten hat er darin gesammelt, die sie von 1990 bis 2005 für den Evangelischen Rundfunkdienst verfasste und die von verschiedenen Sendern in Berlin und Brandenburg gesendet worden sind.
Diese kurzen Texte sind keine Appelle oder Belehrungen, bei denen man sich als Zuhörer oder Leser moralisch in die Enge gedrängt fühlt, sondern poesievoll erzählte Geschichten, Anekdoten, Gleichnisse oder Bilder, die für sich sprechen und keines weiteren Kommentars bedürfen.

[Woher kommt die Liebe?]

„Er war fünf Jahre alt, als ihn die Liebe ergriff. Sie hieß Olivia und ging in seinen Kindergarten. Zunächst erfuhren wir aus seinen Erzählungen von ihr. ‚Olivia kann Handstand, auch Radschlagen. Sie kehrt erst bei der obersten Sprosse des Klettergerüstes um.‛ So, so, dachten wir. Auf dem Weg zum Kindergarten strebte er jetzt sehr voran, was früher nicht der Fall gewesen war. In seinen Taschen trug er dies und das mit sich, Geschenke für Olivia. Die wollte sie aber nicht. Sie wehrte sich auch gegen seine Annäherungen, was ihn nicht abhielt, geradezu tollkühn vorzugehen, um ihr zu imponieren. Eifrig entwickelte er neue Pläne, dachte sich Geschenke aus, suchte ihre Nähe. Wiederholt wies er mich auf sie hin, wenn ich ihn abholte: ‚Das ist sie!‛ Aha, dachte ich, es hat ihn ja mächtig erwischt, während ich ihm half, die Schleife zu binden, was er immer noch nicht konnte. Listig dachte er sich Gelegenheiten aus, die ihn in ihre Nähe brachten. Manchmal war er verzweifelt, besonders wenn er die Geschenke wieder heimbrachte. Aber jeden Trost wies er zurück, Sätze wie: ‚Dann lass sie doch‛, nahm er uns übel. Eines Abends im Bett betete er: ‚Lieber Gott, mach, dass Olivia nett zu mir ist.‛ ‚Geht das nicht ein bisschen weit?‛, sagte sein Vater. ‚Na ja‛, erwiderte ich, ‚es ist ihm eben wichtig. Um anderes, was ihm wichtig ist, betet er ja auch.‛
Eines Mittags, als ich ihn abholte, saß er auf dem Bänkchen, schon im Anorak, mit der Schuhschleife beschäftigt. Er blickte auf und strahlte mich an. ‚Heute hat sie mir angelächelt‛, sagte er. Auch als wir auf der Straße waren, blieb das Lächeln noch auf seinem Gesicht.
‚Und woher kommt nun die Liebe?‛, fragte ich abends seinen Vater. ‚Veranlagung‛, sagte er hinter der Zeitung, ‚Naturwissenschaftler nennen es Trieb, Philosophen sagen, es sei die Sehn-

> sucht des Menschen nach Vollendung, um das Gute und Schöne für immer zu besitzen, eine ewige Sehnsucht übrigens.'
> ‚Das ist ja sehr interessant', meinte ich, ‚aber so ganz scheint es mir nicht zuzutreffen. Könnte es sein, dass wir nicht wissen, woher die Liebe kommt?'"
>
> Aus: „frühmorgens. Andachten im Rundfunk"

Erweitert wurde das Buch um vier Erzählungen, die 1985 bzw. 1988 in den oben erwähnten „Anzeichen" abgedruckt waren, sowie um zwei noch unveröffentlichte Skizzen.

In einer kurzen Einleitung schreibt Herr Vogel, dass die Texte, „obwohl sie ihr Material aus eigenen Erlebnissen und Erfahrungen schöpfen, in ihrer suggestiven Eindringlichkeit und kunstvollen Gestaltung nicht als Stücke einer Autobiografie, sondern als autonome Erzählungen gelesen werden wollen."

Ich kann das bestätigen, mit Spannung und wachsender Freude lese ich sie, spüre hinter der klaren, präzisen Sprache die warme Anteilnahme der Autorin an ihren Figuren. Eindrucksvoll „A. S. oder: Besuch der Dichterin", eine Erinnerung an Anna Seghers.

Zum Schluss die Skizze „Verrat". Die Ich-Erzählerin, eine junge Studentin, schildert, wie sie sich von ihrer Freundin und Mitstudentin distanziert (distanzieren muss?!), nachdem diese von zwei Männern, Stasi-Männern offensichtlich, verhaftet worden war. Doch ihr Gewissen brennt, und sie spürt den Verrat jedes Mal, „wenn der Hahn kräht".

Eine Skizze lediglich, aber überzeugend geschrieben und mit einer Wahrhaftigkeit vor allem, die jeden nachdenklich machen sollte, der glaubt, sich selbst oder einen Teil seiner selbst verleugnen zu können.

Nachdenklich verlasse ich das Pfarrhaus, langsam gehe ich den Weg übers Feld zurück nach Frohnau.

Am Stolper Dorfrand, dort, wo die Kastanienallee beginnt, steht seit Mitte der 1970er Jahre – seit 1974, genau gesagt – ein auffallend schönes Haus mit einem ungewöhnlich großen Fenster auf der nördlichen Giebelseite sowie mit einem zu DDR-Zeiten für Stolpe untypischen Garten: hier wuchsen eher Zier- als Nutzpflanzen.

Als Kind kam ich oft vorbei und fragte mich, wer wohl der Besitzer sei, man sah nie jemanden, weder im Garten noch vor dem Haus, es stand auch nie ein Auto vor der Tür. Das Fenster schien ein so genanntes Atelierfenster zu sein, so dass ich einen Maler vermutete, ohne jedoch jemals etwas konkret in Erfahrung bringen zu können.

Heute weiß ich, dass **Heinz Rosenkranz** (1924-2008) in dem Haus wohnte, das einmal das Stolper Armenhaus gewesen war. Kein Wunder, dass man ihn nie zu Gesicht bekam, er war ja ständig unterwegs, ein Reisejournalist. Veröffentlicht hat er zum Beispiel das Buch „Kuba. Insel der Barbudos" (1961, gemeinsam mit Günter Stillmann). Kuba war damals, Anfang der 1960er Jahre, spannend wie kein anderes Land, auch A. O. Schwede bereiste die Insel und berichtete darüber. Es ist sehr engagiert und lebendig geschrieben und heute durchaus noch lesenswert.

Ein weiteres Buch von Heinz Rosenkranz handelt von „Norwegen. Land der Fischer, Felsen und Fjorde" (1974). Außerdem schrieb er zahlreiche Zeitungs- und Zeitschriftenartikel, u. a. als Redakteur der NBI, der „Neuen Berliner Illustrierten".

Ein drittes (und sein erstes) Buch, ein „Pferdebuch", „Vollblut", hat er gemeinsam mit Dorothea Rosenkranz verfasst – oder hat sie die Fotos beigesteuert? Erschienen ist es 1959 im Sportverlag in Berlin. Etliche Seiten mit Fotos fehlen in dem Exemplar, das ich antiquarisch erworben habe, herausgetrennt vermutlich von Pferdenarren und ein Zeichen für die hohe Nachfrage damals nach einem Buch bei gleichzeitig geringer Auflage.

Erzählt wurde mir, dass Rosenkranz bis 1990 als Journalist keine Auslandsreisen mehr machen durfte. In einer Zeitschriftenreportage, in der er über einen internationalen Gewerkschaftskongress (in Finnland?) berichtete, waren sowjetische Funktionäre in der Sauna abgebildet. Die „Freunde" beschwerten sich darüber, der Berichterstatter wurde auch für die Fotos verantwortlich gemacht, und seitdem war es mit dem Reisen, ins Ausland zumindest, erst einmal vorbei.
Heinz Rosenkranz starb 2008 in einem Pflegeheim in Hohen Neuendorf.
Heute noch ist ein großes schwungvolles „R." – wie Rosenkranz vermutlich – an seiner Gartentür in Stolpe zu sehen, das die Nachbewohner dort belassen haben.

Oskar Loerke (1884-1941), einer der bedeutendsten Lyriker in der ersten Hälfte des 20. Jahrhunderts, lebte von 1930 bis zu seinem Tod in Berlin-Frohnau.
Loerke veröffentlichte sieben Gedichtbände, u. a. „Der längste Tag" (1926) und „Der Silberdistelwald" (1934), den Roman „Der Oger" (1921) sowie Arbeiten über Johann Sebastian Bach („Das unsichtbare Reich" 1935) und Anton Bruckner („Ein Charakterbild" 1938).
Außerdem war er ein unermüdlicher Literaturförderer und -vermittler als Lektor im S. Fischer Verlag und seit 1928 als Sekretär der Sektion Dichtkunst der Preußischen Akademie der Künste.
1929/30 fasste der Naturliebhaber, der in einer Hinterhofwohnung in Berlin-Charlottenburg wohnte, den Entschluss, ein Haus im Grünen zu errichten. Die Wahl fiel auf das Grundstück Kreuzritterstraße 8 in Frohnau.
An der Fassade des Hauses ist heute eine Gedenktafel der Stadt Berlin angebracht.

Frohnau gehörte ursprünglich zum Gutsbezirk Stolpe und war im Besitz der Familie von Veltheim. 1907 kaufte die Berliner Terrain-Centrale den südöstlichen Teil Stolpes, ein Waldgelände links und rechts der Berliner Nordbahn, und begann mit dem Anlegen einer Siedlung, der Gartenstadt Frohnau. Der größte Teil wurde aber erst zwischen den beiden Weltkriegen bebaut. Am 1. Oktober 1920 wurde Frohnau in die Großgemeinde Berlin eingegliedert und bildet seitdem einen Ortsteil des Bezirks Reinickendorf.

Mit Hilfe einer größeren Hypothek, eigenes Vermögen besaß er nicht, sowie dem Geld, das Cläre „Clärchen" Westphal (1881-1953), seine Lebensgefährtin, von ihrem Vater geerbt hatte, wurde das Grundstück in der Gartenstadt noch Ende des Jahres erworben. Es kostete 10.000 Mark. Der dritte Partner und Mitbewohner war der Ingenieur Ludwig Kropff.

Im Laufe des nächsten Jahres erfolgte der Bau. Der Dichter, der ein fleißiger Tagebuchschreiber war, konnte bereits am 28. Juni 1930 konstatieren, dass „das Haus schon fast hoch ist in den Grundmauern. Darin herumgestiegen. Alles groß und luftig, obwohl die einzelnen Räume nur geringe Grundfläche haben."

Am 4. Juli fand das Richtfest statt. „Der Bau sehr stattlich. 16 Handwerker, Maurer und Zimmerleute. Die Krone mit gelben und roten Bändern. Schöner Reimspruch des Zimmerpoliers vom Dachabsatz. Auf unserem Hügel gelagert. Bier in Flaschen. Zigarren mitgebracht. Cognac holen lassen. Jedem ein Fünfmarkstück. Große Zufriedenheit."

Am 16. Dezember, dem Tag des Einzuges, brach für ihn eine „neue Lebenszeit an. Das Grundgefühl ist Glück. [...] Wunderbares Schlafen. Herrliches Glück, hier in der Stille und in guter Luft eine Weile zu wandern."

Das Haus wird nun in den elf Jahren bis zu seinem Tod, insbesondere in der schwierigen Zeit ab 1933, nachdem man ihn aus seinem Amt in der Akademie der Künste gedrängt hatte und die Existenz des S. Fischer Verlages, für den er nach wie vor lektorierte, unter den neuen Machthabern zunehmend bedroht war,

sein Rückzugs- und Besinnungsort, um zu dichten und zu musizieren – der Dichter war auch ein hervorragender Pianist.
Permanent hatte er mit gesundheitlichen Problemen zu kämpfen („Sehr unruhige Zeit. Die Gesundheit geht dabei drauf. Herz und Nerven. Der Verlag in ernster Gefahr. Die Erfolge lassen die Feinde nicht ruhen." Tagebuch 8. Juni 1934), und die zunehmende „Sklaverei und Barbarei" in Deutschland steigerte sein „Verbitterung". (6. Juli 1934) Da konnte er auch einmal ausfallend werden: „Gestern Ärger über den Reichsbund Deutscher Schriftsteller. Die Popel wünschen Unterlagen des Ariernachweises." (18. Mai 1935)
Da war der Garten für ihn eine Quelle, aus der er immer wieder Kraft schöpfte. „Gestern wurde unser Garten bepflanzt. Ungeheure Freude dabei", hielt er in seinem Tagebuch am 18. April 1931 fest. „Ich stand fast die ganze Zeit neben dem Gärtner und sah ihm zu. Torfmull unter die Sträucher und Stauden. Alles sieht schön und sauber aus. Reichlich Gewächse. Mit Clärchen hindurchgegangen. Liebe zu fast jeder einzelnen Pflanze."
Freude und Leid, was den Garten betraf, wechselten einander ab, der 31. Mai 1931 zum Beispiel war ein „Tag des Schicksals. Gegen sechseinhalb nachmittags zog ein Unwetter herauf. Ein Wirbelsturm aus Süden sprang in den Wald und zerbrach, entwurzelte mit ungeheurer Wucht in zwei, drei Sekunden in unserem Talkessel mindestens dreißig große Bäume. Wo Fülle war, Waldüppigkeit, ist es jetzt kahl. Wir fühlten uns geschlagen und verzweifelt."
Am 26. April 1935 hingegen überwog die Freude. „Die Pfingstrosen schießen, Primeln und Stiefmütterchen immer voller und herrlicher. Die Hyazinthe neigt sich vom schweren Stengel, eine Anzahl Tulpen öffnen sich. Tanne und Lebensbäume tragen frischgrüne Spitzen an den Astenden. Der Garten ist voller Veilchenduft, die Ebereschen haben ihr Laub entrollt, Kastanie und Nußbaum folgen jetzt langsamer. Wirkliche Träume im Frühling sind die Birken. Es sind die Tage, da die Augen nicht folgen kön-

nen; an einer Stelle sind sie aufmerksam, an anderen haben sich längst neue Wunder ereignet."

Aber auch von Spaziergängen nach Tegel, Heiligensee und Stolpe, vermutlich auf dem Pechpfuhlweg oder auf dem Zerndorfer Weg, die heute noch existieren, ist im Tagebuch (Suhrkamp Verlag 1986, Erstausgabe 1955) die Rede, so am 2. März 1931: „Am Freitag mit unserem rührend trabenden Hunde, den wir jetzt drei Wochen lang haben, zu unserer unerschöpflichen Freude nach Stolpe gewandert. Es war ein warmer windwolkensonniger Frühlingstag. Wasserlachen, Wind."

Sein Grab befindet auf dem Städtischen Friedhof Frohnau in der Hainbuchenstraße. Elisabeth Langgässer, die Schriftstellerkollegin, schrieb über die Beerdigung: „Der Frohnauer Waldfriedhof liegt hoch, zwischen jungen Birken und Kiefern, und der Blick geht weit hinaus über wartende Felder und Äcker [...]. In der hölzernen kleinen Friedhofskapelle war der Sarg mit unendlich viel Frühlingsblumen und Kränzen aufgebahrt worden: Mimosen und Flieder, Schneeglöckchen, Veilchen, Anemonen ..."

Man kann ihn heute noch haben, den Blick übers Feld in Richtung Hohen Neuendorf und Stolpe, deren Kirchturmspitzen in der Ferne sichtbar sind.

Wer kennt **Christian Morgenstern** (1871-1914) nicht? In fast jedem Schulbuch, in fast jeder Lyrikanthologie sind seine Verse vertreten, die über das Knie („Ein Knie geht einsam durch die Welt, es ist ein Knie, sonst nichts ...") oder die über den verliebten Schlittschuh laufenden Seufzer zum Beispiel, der das Eis zum Schmelzen bringt. Und auch das Gedicht „Die unmögliche Tatsache" aus der Palmström-Reihe, in dem Palmström am Ende glaubt, einen Verkehrsunfall nur geträumt zu haben, weil Kraftfahrzeuge an der Unfallstelle laut „Gesetzesbücher" nicht fahren durften, ist inzwischen zum Klassiker geworden. „Weil, so schließt er messerscharf, nicht sein kann, was nicht sein darf."

Morgenstern war aber alles andere als ein Spaßmacher, wie man vielleicht vermuten könnte, wenn man nur die grotesken, sprachspielerischen „Galgenlieder" (1905), „Palmström" (1910) oder „Palma Kunkel" (1916) kennt. Mindestens ebenso „ernsthaft" schrieb er nachdenklich und melancholisch stimmende Lyrik, Aufsätze und Aphorismen, unablässig auf der Suche nach einem überzeugenden Selbst- und Weltbild („Ich und die Welt" 1898, „Und aber ründet sich ein Kranz" 1902, „Einkehr" 1910).
Außerdem war er ein vielbeschäftigter Übersetzer, zum Beispiel übertrug er die Dramen und Gedichte des norwegischen Schriftstellers Hendrik Ibsen (zu diesem Zweck lernte er Norwegisch), das Schauspiel „Abendröte" von Knut Hamsun und den autobiographischen Roman „Inferno" von August Strindberg ins Deutsche. Viele Jahre betreute er als Lektor im Verlag von Bruno Cassirer junge Autoren, u. a. den Schweizer Robert Walser, der damals in Berlin lebte.
Morgenstern litt an Tuberkulose. 1893 war die Krankheit in München, seiner Heimatstadt, zum ersten Mal ausgebrochen, er hatte sich bei seiner Mutter Charlotte angesteckt. Seitdem versuchte er, durch einen permanenten Wechsel der Aufenthaltsorte sich Linderung von dem mit Fieber und Husten verbundenen Leiden – Tbc war damals die vierthäufigste Todesursache – zu verschaffen. Mal fuhr er ins Gebirge, nach Davos oder nach Arosa, mal ans Meer.
Im Sommer des Jahres 1905 war er in Wyk auf Föhr gewesen. Obwohl es ihm dort, an der Nordsee, immer noch am besten ging, beschloss er den bevorstehenden Winter in einem Sanatorium in der Nähe Berlins zu verbringen, weil er hier die Nähe zur Hauptstadt und ihrem geistigen Klima nicht entbehren musste.
„Gesundheitlich wäre es für mich vielleicht am ersprießlichsten, immer an der Nordsee zu hausen; aber die See scheint der geistigen Arbeit nicht allzu förderlich zu sein", schrieb er Ende November 1905 an Amélie Morgenstern, der zweiten Frau seines Vaters.

Die Wahl fiel auf Birkenwerder, das seit Ende des 19. Jahrhunderts für die Berliner mit der Nordbahn in kurzer Zeit zu erreichen war. Das Sanatorium, die heutige Asklepios-Klinik, war 1898 gegründet worden; die Patienten kamen aus aller Welt, bis aus Amerika, um im heute noch existierenden Wandelgang Liegekuren zu absolvieren.

Für Morgensterns geistige Entwicklung war der Aufenthalt in Birkenwerder von großer Bedeutung. „Ich darf Ihnen sagen, daß dieser Herbst und Winter mich zu manchem geführt haben, von dem ich nie geglaubt hätte, daß es mir zugänglich werden würde", teilte er Luise Dernburg, einer Berliner Schriftstellerin, am 12. März 1906 mit.

Gemeint war die Mystik. Morgenstern studierte die Schriften von Meister Eckhart und Jakob Böhme und begann am „Tagebuch eines Mystikers" zu arbeiten, einer Sammlung von Notizen, Aphorismen und Sprüchen.

Mystik ist, mit einem Satz, die Grundform des religiösen Lebens, die das unmittelbare Erleben Gottes, die Vereinigung mit ihm sucht. „Der Mensch fällt mit Gott zusammen und hört auf, sich als Sonderwesen zu fühlen", notierte Morgenstern in sein Tagebuch. Und in einem weiteren Brief an Luise Dernburg vom 10. April bekannte er: „Ich fühle mehr und mehr alles in mir, als einen Teil von mir, wie ich ein Teil von allem bin."

Gleichzeitig beschäftigte er sich intensiv mit dem Werk des russischen Schriftstellers Fjodor Dostojewski, las dessen Romane „Ein Werdender" und „Die Brüder Karamasow".

„Was ihn an der russischen Seele fesselte und faszinierte, war die Bereitschaft zur Liebe", schrieb Martin Beheim-Schwarzbach über Morgenstern, denn „Liebe war es, der von je seine höchste Sehnsucht galt, die er vom Menschen erwartete und verlangte, die er als einzig mögliche Erlösung vom Übel, als Rettung vor all den Übeln der Welt ansah." (Aus: „Christian Morgenstern". Rowohlts Monographien 1964)

Die weitere Lektüre des Dichters in Birkenwerder bestand aus „Peter Camenzind", dem ersten, 1904 erschienenen Roman von Hermann Hesse, der seinen Autor schlagartig bekannt machte („... vielleicht ein klein wenig nicht genug geistige Leidenschaftlichkeit; gleichwohl, ein warmes, reines Buch." An Fega Frisch, 25. April 1906), und aus Briefen von Richard Wagner an Mathilde Wesendonck (vermutlich „Richard Wagner an Mathilde Wesendonck. Tagebuchblätter und Briefe. 1853-1871", Berlin 1904), die er sehr kritisch beurteilte: „Offen gestanden, es war eine bittere Lektüre. Kein einigermaßen vertiefter Geschmack wird vor diesen Briefen ruhig bleiben können, so voll von Schauspielerei, so bösartig oberflächlich, so äußerlich und bewußt im Ausdruck von Empfindungen sind sie. Gut, gut, Wagner wird so tief und heftig empfunden haben wie andere, aber dann schreibt man keine Briefe an eine wahrhaft geliebte Frau, wenn einem im Augenblick des Schreibens die Unmittelbarkeit, eine gewisse Unmittelbarkeit wenigstens, der Empfindung ausbleibt." (An Friedrich Kayssler, 28. Januar 1906)

Auch eine kleine Kurkrise hatte er zu überwinden. Bestand die Gesellschaft anfangs für ihn ausschließlich aus „sehr angenehmen Menschen", so fühlte er wenig später bereits „den Zwang der Tagesordnung. Dazu kommt, daß die Tafel wächst und wächst und die Leute nicht aufstehen wollen. Auch macht sich der Charakter einer Anstalt für Kranke mehr und mehr bemerkbar, und ich brauche die ganze Unachtsamkeit meines Innern gegen Außendinge, um mich nicht höchst deplaciert zu fühlen. Endlich hat man die Menschen nun auch kennen gelernt und muß sie ertragen, wie sie sind. Nämlich als auf halbem Wege stehen geblieben ..."

Wenn der Dichter trotz alledem von einem „in vieler Weise fruchtbaren Winter" spricht, dann meinte er auch die Naturerlebnisse, die er in Birkenwerder hatte.

„Hier ist es so schön, wie es nur in der näheren Umgebung von Berlin sein kann", geriet er gegenüber Luise Dernburg im Februar 1906 ins Schwärmen, und im April – inzwischen war es Frühling geworden – schrieb er an Amélie Morgenstern: „Hier ist es voll Blüten und Gezwitscher. Der Wald ist mir viel, ob er auch nur ein strenger märkischer Kiefernwald ist."
In vielen Versen fanden diese Erlebnisse unmittelbar ihren Ausdruck, so in dem Gedicht

Traumwald

Des Vogels Aug verschleiert sich;
er sinkt in Schlaf auf seinem Baum.
Der Wald verwandelt sich in Traum
und wird so tief und feierlich.

Der Mond, der stille, steigt empor:
Die kleine Kehle zwitschert matt.
Im ganzen Walde schwingt kein Blatt.
Fern läutet, fern, der Sterne Chor.

Und in einem anderen, 1906 ebenfalls in den Band „Melancholie" aufgenommenen Gedicht besang er den „Neuschnee": „Flockenflaum zum ersten Mal zu prägen/mit des Schuhs geheimnisvoller Spur,/einen ersten schmalen Pfad zu schrägen/durch des Schneefelds jungfräuliche Flur …"
Freilich waren das keine reinen Naturgedichte mehr, in Wortverbindungen wie „der Sterne Chor" und „leuchtende Grüße", die die Seele tauscht, machte sich bereits der mystische Einfluss bemerkbar.
Später ging Morgenstern noch einen Schritt weiter und wandte sich der Anthroposophie Rudolf Steiners zu, einer spirituellen und esoterischen Weltanschauung, die die Welt in einer stufenweisen Entwicklung begriffen sieht.

Wesentlich dazu bei trug seine Bekanntschaft und spätere Heirat (1910) mit Margareta Gosebruch, einer überzeugten Anthroposophin. Sie gab 1918, vier Jahre nach seinem Tod, aus seinem Nachlass eine Sammlung unter dem programmatischen Titel „Stufen. Eine Entwicklung in Aphorismen und Tagebuch-Notizen" heraus, in die viele Texte aus dem „Tagebuch eines Mystikers", das Morgenstern in Birkenwerder begonnen hatte, aufgenommen wurden.

Leider brachte ihm der Aufenthalt in Birkenwerder keine Besserung, das Fieber, die Erkältung, der Husten verfolgten ihn ohne Erbarmen, so dass er es im Juli 1906 wieder mit der Gebirgsluft in Tirol versuchte.

Nichtsdestotrotz schrieb er von dort (aus Meran, seinem späteren Sterbeort) im Januar 1908 an seinen Freund, den Schauspieler Friedrich Kayssler: „Ihr glaubt nicht, was ich für eine Sehnsucht nach deutschem Wald habe. Der Kernwinter in Birkenwerder war doch etwas Einziges."

Am ehemaligen Logierhaus der Klinik unterhalb seines Zimmers in der zweiten Etage ist seit 2015 eine Tafel angebracht, die an seinen Aufenthalt erinnert. Unmittelbar daneben befindet sich eine Kindertagesstätte, die seinen Namen trägt.

Noch ein Ort in Brandenburg spielte in Morgensterns Leben eine wichtige Rolle: Werder an der Havel (heute Landkreis Potsdam-Mittelmark). 1895 hatte er dort mit anderen jungen Künstlern während eines Ausfluges auf den Galgenberg die Idee zur Gründung eines „Bundes der Galgenbrüder". Morgenstern textete daraufhin im Laufe der nächsten Jahre die berühmten „Galgenlieder", die von den Mitgliedern des Bundes bei ihren rituellen Treffen in ihren Wohnungen oder in Berliner Kneipen anlässlich einer „Urteilsvollstreckung", einer „Erhängung" etwa, gesungen wurden. Seit 2014, dem 100. Todesjahr Morgensterns, existiert auf der Bismarckhöhe, dem früheren Galgenberg, ein Christian-Morgenstern-Literaturmuseum, in dem neben Büchern und Tonträgern eine Auswahl von persönlichen Gegenständen und Dokumenten aus dem Nachlass zu sehen ist. 2017 wurde dort auch eine Christian-Morgenstern-Gesellschaft gegründet.

Auf vielfältige Weise mit Brandenburg, mit Oberhavel und insbesondere mit dem Kreis Oranienburg verbunden war die Schriftstellerin **Elfriede Brüning**.
Brüning wurde 1910 in Berlin geboren. Ihre Eltern waren Brandenburger – ihr Vater stammte aus einem Oderbruchdorf und ihre Mutter wuchs in Prenzlau auf.
Nach dem Besuch der Schule arbeitete sie als Büroangestellte und Sekretärin. Bereits mit 16 Jahren veröffentlichte sie Feuilletons und Reportagen.
Ab 1930 konnte sie ihre Arbeiten in großen bürgerlichen Zeitungen platzieren, u. a. im „Berliner Tageblatt" und in der „Vossischen Zeitung", seit 1932 veröffentlichte sie in der KPD-nahen Presse, in der „Roten Post" zum Beispiel und in der „Arbeiter Illustrierten Zeitung".
1931 trat sie der KPD bei, 1932 wurde sie Mitglied des Bundes Proletarisch-Revolutionärer Schriftsteller (BPRS).
1934 erschien ihr erster Roman „Und außerdem ist Sommer" bei Staackmann in Leipzig.
Im Oktober 1935 wurde sie wegen des Verdachts auf Hochverrat verhaftet, kam nach einem halben Jahr frei und musste sich seitdem regelmäßig bei der Gestapo melden.
1937 heiratete sie den Lektor und Schriftsteller Joachim Barckhausen. 1942 wurde ihre Tochter Christiane geboren, die später (in der DDR) ebenfalls publizistisch tätig war (u. a. „Wie ein Vulkan. Begegnungen in Nikaragua" 1982, „Auf den Spuren von Tina Modotti" 1988).
1940 erwarben ihre Eltern ein Laubengrundstück in der Krummen Straße in Zühlsdorf, wo sie wegen der Bombenabwürfe auf Berlin bald fest wohnten. Ab Januar 1945 versteckten sie dort in einem Erdbunker ihren Sohn Wolfgang, Elfriede Brünings Bruder, der als Marinesoldat desertiert war.
„Ich kannte Zühlsdorf noch nicht, wusste nur, dass es eine Waldsiedlung war, unweit von Wandlitz gelegen, das wegen seines Strandbades ein beliebter Ausflugsort war", beschreibt Brüning

in ihrer Autobiographie „Und außerdem war es mein Leben" ihren ersten Besuch dort kurz nach Kriegsende 1945. „Das Grundstück der Eltern lag aber näher bei Basdorf, nur wenige Meter von dem Gelände entfernt, auf dem die ‚Brandenburgischen Motorenwerke' unter Görings Schirmherrschaft ihre unterirdische Fabrik errichtet hatten.
Im Sommer 1942 hatten die Amerikaner in einem Tagesangriff das Werk bombardiert, und viele Lauben und Holzhäuser der Umgebung waren in Flammen aufgegangen. Noch heute sah man Spuren der Verwüstungen, die die Bewohner in Kriegszeiten nur unvollkommen hatten beseitigen können."
Elfriede Brüning nutzte das Grundstück zur Erholung bis in die 1980er Jahre.
In der Sowjetischen Besatzungszone arbeitete sie als Redakteurin und Reporterin u. a. für die kulturpolitische Zeitschrift „Sonntag", für die „Neue Heimat", Zeitschrift für Flüchtlinge in der SBZ, und für „Deutschlands Stimme", einer Wochenzeitung der Nationalen Front.
Für „Deutschlands Stimme" schrieb sie 1948 eine Reportage über ein Arbeiterstudentenwohnheim in Hohen Neuendorf. Dort waren junge Leute untergebracht, die teils an der Humboldt-Universität, teils in einer so genannten „Vorstudienanstalt", der Vorläuferin der Arbeiter- und Bauernfakultäten (ABF), in Berlin immatrikuliert waren. („Das Gesicht der neuen Intelligenz. Von der Werkstatt zur Universität." Ausgabe 19.8.1949. Gekürzte Fassung in der „BZ am Abend" vom 13.12.1949 u. d. T. „Wir sind ein Kollektiv. Westdeutsche Arbeiterstudenten in Hohen Neuendorf")
Brüning warb in ihrer Reportage für diese Art der Unterbringung, da die 20 bis 30 Insassen, in der Mehrzahl Westdeutsche aus „bildungsfernen" Schichten, die hier auch verpflegt wurden, sich ihrer Meinung nach optimal auf ihr Studium vorbereiten oder bereits auch studieren konnten. Die Wohnverhältnisse in Berlin waren damals noch sehr schlecht.

Von 1949 bis 1953 wohnte sie mit ihren Eltern und ihrer Tochter in einer Villa in der Friedensallee 28 in Birkenwerder.
Den Tipp hatte ihr ein Kollege aus der Zentralverwaltung für Umsiedler gegeben. „Birkenwerder sei ‚Zone', sagte er, dort stünden zurzeit wegen der schlechten Versorgung ganze Häuser leer, weil ihre Besitzer sich lieber in Berlin zwischen Trümmern eine Bleibe suchten, statt bei Berlin zu verhungern. In der ‚Zone' gab es nur die Hungerkarte, weil die Behörden damit rechneten, dass sich die Gartenbesitzer einige Vitamine in Gestalt von Obst und Gemüse selber zogen.
Das Haus, das mir am besten gefiel, nannte man im Ort den Glaspalast, weil es unmöglich schien, die großen Räume warm zu bekommen", erinnert Elfriede Brüning in ihrer Autobiographie. „Die Vorderfront, die zur Terrasse ging, bestand nur aus Glas, und das dahinter liegende Wohnzimmer war neun Meter lang, ein Tanzsaal, in dem ein aus rotem Backstein gemauerter Kamin sofort ins Auge fiel, der sich jedoch bei genauerem Hinsehen als Attrappe erwies. Dennoch, das Haus bezauberte mich auf den ersten Blick; die Räume waren so günstig gelegen, dass auch Menschen verschiedener Generationen sich gut darin ausbreiten konnten, ohne zu dicht aufeinander zu hocken. Der Hauseigentümer, ein Nazi-Bonze, hatte beim Anrücken der Roten Armee die Flucht ergriffen.
Es waren schwere, literarisch indes äußerst fruchtbare Jahre", fährt die Autobiographin fort. „Zum ersten Mal konnte ich mich ungehindert meiner Arbeit widmen. Meine Mutter versorgte den Haushalt und das Kind, und mein Vater werkte im Garten, falls er nicht, wie im Winter, ganze Tage im Heizungskeller zubringen musste, um unaufhörlich den klebrigen Braunkohleruß, das einzig verfügbare Heizmaterial, in den gefräßigen Ofen zu schütten. Ich fuhr früh am Morgen nach Berlin in die Redaktion."
Die Tage vor dem 17. Juni 1953 verbrachte sie im Lokomotivbau Elektrotechnische Werke (LEW) in Hennigsdorf. Dort recherchierte sie im Auftrag des Verlages Tribüne Berlin, des Verlages

des Freien Deutschen Gewerkschaftsbundes (FDGB), für ihren Roman „Regine Haberkorn", der „die Probleme der Frauen von heute" behandeln sollte.
Um die Frauen bzw. ihre Probleme besser kennen zu lernen, ließ sie sich als Glimmerlegerin am Band einsetzen. Die Stimmung im Betrieb war nicht gut, überall spürte sie „Missmut und Missbehagen, Unruhe und offenes Aufbegehren", zumal die Regierung gerade über eine weitere Normerhöhung verfügt hatte.
„Wohin ich auch kam, wurde geschimpft: über die schlechte Versorgung in den Läden; die schleppende Lieferung von Arbeitsmaterial, die die Werktätigen zu Mußestunden verurteilte, während man ihnen andererseits die stete Erhöhung der Arbeitsproduktivität abverlangte; über das miserable Essen in der Werkskantine oder über die ewigen Zugverspätungen, unter denen vor allem diejenigen zu leiden hatten, die aus den umliegenden Orten zur Arbeit nach Hennigsdorf kamen. Schimpfworte wie ‚Antreiber' und ‚Ausbeuter' wurden laut, und der Parteisekretär, der die Stimmung in den Abteilungen zu besänftigen suchte, hatte einen schweren Stand. In einigen Abteilungen sei es bereits zu Warnstreiks gekommen, munkelten die Frauen in der Brigade, zu der auch ich nun gehörte und in der ich verzweifelt nach der ‚positiven Heldin' meines Frauenbuches Ausschau hielt." (Aus: „Und außerdem war es mein Leben" 1994)
Den 17. Juni selbst erlebte sie in Berlin, wo eine Versammlung des Schriftstellerverbandes angesagt war. Trotzdem sie die Maßnahmen der Regierung (die teilweise zurückgenommen wurden) nicht unkritisch sah, bekannte sie sich vorbehaltlos zu ihrem Staat, der DDR.
„Regine Haberkorn" erschien 1955 und löste viele kontroverse Diskussionen aus. Man warf der Autorin u. a. eine „kleinbürgerliche Sichtweise" vor, da sie auch „private Probleme" in die Handlung integriert habe. Der Ehemann der Regine Haberkorn verbietet der Buchheldin zum Beispiel in der Fabrik zu arbeiten, da ein Verdiener in der Familie genug sei und sie den Haushalt zu

versorgen habe. Dieser Konflikt macht das Buch aber gerade spannend und heute noch – im Gegensatz zu vielen anderen „Betriebsromanen" jener Zeit – in Teilen lesenswert.

Hennigsdorf als Schauplatz ist an vielen Stellen wiedererkennbar, auch wenn der Ort – „Niederschöpping" – und das LEW – „Franz Mehring" anstelle von „Hans Beimler" – einen fiktiven Namen tragen.

„Über Nacht war es Frühling geworden. Niederschöpping, der häßliche Berliner Industrievorort, hatte sich seltsam verschönt, wie ein Mensch, der liebt. In dem klaren Wasser der Havel spiegelte sich der blaue Himmel, und die Strömung floß so eilig dahin, als ob sie alle verlorene Zeit vom Winter wieder einholen müßte. In den Kleingärten, die an die Havel grenzten, mischte sich der kräftige Geruch frisch umbrochener Erde mit dem von Farbe und Teer, der von den benachbarten Bootshäusern herüberstrich – und nur wenige Tage später, da traten alle diese Frühlingsgerüche hinter dem betäubenden Duft des Flieders zurück, dessen lila und weiße und rote Dolden überall in den Vorgärten aufgeblüht waren und die verwitterten Häuser und Lauben wie kokette Schleifen zierten. Die Sportler zogen nicht nur des Sonntags, sondern auch an den immer länger werdenden Abenden auf den Fußballplatz, während die Tischler noch an den Tribünen zimmerten. Die Tennisplätze wurden mit rotem Sand bestreut und gewalzt. Die Rudersparte rüstete zur ersten längeren Fahrt. Auf der Hauptstraße, die zum Werk führte, standen die Kastanien mit einemmal in voller Blüte. Sie waren so üppig geworden, daß sie mit ihrem Laubwerk und den stolzen hohen Kerzen die Sicht auf die Schornsteine nahmen. Das Werk war dadurch gleichsam in die Ferne gerückt. Wer des Abends zum Ort hinaus ins Freie wanderte, traf in der Nähe des Klubhauses, an das die Maurer letzte Hand anlegten, Schwärme von jungen Mädchen, denen ebenso große Schwärme von Burschen folgten. Und unten an der

> Havel auf dem Uferweg oder oben am Wald konnte er auf vereinzelte Liebespaare stoßen."
>
> Aus: „Regine Haberkorn" 1955

In den nächsten Jahren wurde Elfriede Brüning, die nun wieder in ihrer Geburtsstadt Berlin lebte, eine viel gelesene Schriftstellerin, auch wenn sie, was die Popularität und vielleicht auch die literarische Qualität ihrer Arbeiten betraf, nicht unbedingt in der ersten Reihe stand.
Sie schrieb Romane („Sonntag, der Dreizehnte" 1960, „Wie andere Leute auch" 1983), Erzählungen („Septemberreise„ 1974, „Partnerinnen" 1978, „Altweiberspiele" 1986), Porträts („Wege und Schicksale. Literarische Frauenporträts" 1962), Reportagen („Kinder ohne Eltern" 1968), Kinderbücher („Jasmina und die Lotosblume" 1976) und Drehbücher fürs Fernsehen („Nach vielen Jahren" 1965, „Die Jugendrichterin" 1989).
2005 erwarb das Dortmunder Fritz-Hüser-Institut für Literatur und Kultur der Arbeitswelt ihren Vorlass.
2010 wurde der Dokumentarfilm „Und außerdem werde ich hundert" von Sabine Kebir und Wolfgang Herzberg über ihr Leben aufgeführt.
Noch in ihrem letzten Lebensjahr trat sie mit Lesungen auf. 2014 starb sie im Alter von 103 Jahren in Berlin.

Der Schriftsteller und Publizist **Friedrich Dieckmann** wurde 1937 in Landsberg an der Warthe geboren. Er wuchs in Dresden auf. 1951, da war er vierzehn Jahre alt, zog die Familie nach Birkenwerder.
Sein Vater, der Politiker Johannes Dieckmann (1893-1969), war von 1949 bis 1969 stellvertretender Vorsitzender der Liberaldemokratischen Partei (LDPD) und Präsident der Volkskammer der DDR.

Die Familie Dieckmann wohnte in der Karl-Marx-Straße 84-86 in einer Dienstvilla zur Miete. Jahrelang war dort eine Erinnerungstafel angebracht.

Nach dem Tod Johannes Dieckmanns 1969 wurde die Ahornallee, die an der Rückseite des Grundstücks entlangführte, in Johannes-Dieckmann-Straße umbenannt. 1990 erfolgte die Rückbenennung.

1955 legte Friedrich Dieckmann an der Oberschule in Oranienburg das Abitur ab. Anschließend studierte er Germanistik, Philosophie und Physik an der Universität Leipzig. Er lebt seit 1963 als freier Schriftsteller in Berlin. Von 1972 bis 1976 war er Dramaturg am Berliner Ensemble.

Ab 1970 war er Mitglied des Schriftstellerverbandes der DDR. Er ist seit 1972 Mitglied des PEN, zunächst im PEN-Zentrum der DDR, später im PEN-Zentrum Deutschland. 1992 wurde er Mitglied der Freien Akademie der Künste in Leipzig, 1995 der Deutschen Akademie für Sprache und Dichtung in Darmstadt und 1996 der Sächsischen Akademie der Künste, die er mit anderen gegründet hatte.

Ausgezeichnet wurde er mit dem Heinrich-Mann-Preis 1983, dem Bundesverdienstkreuz 1. Klasse 1993, dem Johann-Heinrich-Merck-Preis 2001, dem Verdienstorden des Freistaates Sachsen 2007 und dem Richard-Wagner-Preis der Richard-Wagner-Stiftung Leipzig 2013. Außerdem ist er seit 2004 Ehrendoktor (Dr. phil. h. c.) der Humboldt-Universität in Berlin.

Dieckmann schrieb Essays, Kritiken, Erzählungen („Orpheus, eingeweiht" 1983, neu aufgelegt 2006; „Blaumalerei" 2015), Gedichte („Meldungen vom Tage. Lyrische Notizen" 2009) und Radio-Features. 2017 erschien „Weltverwunderung / Nachdenken über Hauptwörter", eine Sammlung philosophischer Miszellen.

Sein erstes Buch, „Karl von Appens Bühnenbilder am Berliner Ensemble" (1971), gilt als die bedeutendste Bühnenbildner-Monographie der deutschen Theatergeschichtsschreibung. In den folgenden Jahren schrieb er u. a. über Richard Wagner („Richard

Wagner in Venedig" 1983, „Das Liebesverbot und die Revolution. Über Wagner" 2013), Franz Schubert („Franz Schubert. Eine Annäherung" 1996), Bertolt Brecht („Wer war Brecht? Erkundungen und Erörterungen" 2003), Friedrich Schiller („Diesen Kuß der ganzen Welt! Der junge Mann Schiller" 2006, „Freiheit ist nur in dem Reich der Träume. Schillers Jahrhundertwende" 2009), Johann Wolfgang Goethe („Geglückte Balance. Auf Goethe blickend" 2008) und Martin Luther („Luther im Spiegel. Von Lessing bis Thomas Mann" 2016).

Er setzte sich mit Problemen der Zeitgeschichte auseinander („Glockenläuten und offene Fragen" 1991, „Vom Einbringen. Vaterländische Beiträge" 1992, „Temperatursprung / Deutsche Verhältnisse" 1995, „Der Irrtum des Verschwindens. Zeit- und Ortsbestimmungen" 1996, „Was ist deutsch? Eine Nationalerkundung" 2003, „Deutsche Daten oder Der lange Weg zum Frieden" 2009) und bezog immer wieder Position zu Fragen der Stadterneuerung, sowohl theoretisch in seinen Büchern („Dresdner Ansichten. Spaziergänge und Erkundungen" 1995, „Wege durch Mitte. Stadterfahrungen" 1995, „Pöppelmann oder Die Gehäuse der Lust" 2012, „Vom Schloß der Könige zum Forum der Republik / Zum Problem der architektonischen Wiederholung" 2015) als auch praktisch als Mitglied der Jury zum Neubau des Bundespräsidialamts und der Expertenkommission zum Bau des Humboldt-Forums.

Als Herausgeber zeichnete er verantwortlich u. a. für „Die Plakate des Berliner Ensembles 1949-1989" 1992, „Ernst Bloch. Viele Kammern im Welthaus" 1994 und „Stimmen der Freunde. Gerhard Wolf zum 85. Geburtstag" 2013.

Im Blick auf sein publizistisches Wirken nach 1989 schrieb „Der Tagesspiegel" in einer Würdigung zu seinem 80. Geburtstag im Mai 2017: „Aber vor allem wirkt Dieckmann durch die Rolle des öffentlichen Intellektuellen, die ihm im Prozess des deutschdeutschen Zusammenwachsens zukam. Der große Vorgang der Nachwende-Zeit hat in ihm, der das erste Halbjahrhundert seines

Lebens auf der östlichen Seite des Landes zubrachte, einen aufmerksamen Deuter und luziden Kritiker gefunden."

Fragen an Friedrich Dieckmann

Sie sind in Dresden aufgewachsen und 1951 mit Ihren Eltern nach Birkenwerder gezogen. Hatte der Umzug mit den politischen Funktionen Ihres Vaters Johannes Dieckmann in Berlin zu tun? Fiel Ihnen der Umzug schwer?

In der Tat, der Umzug von Dresden nach Birkenwerder, das damals [bis 1952] zum Kreis Niederbarnim gehörte, ergab sich daraus, dass mein Vater, zu dieser Zeit sächsischer Justizminister, als Abgeordneter der Liberal-Demokratischen Partei Deutschlands am 7. Oktober 1949 zum Präsidenten der Provisorischen Volkskammer gewählt wurde; ein Jahr später wurde dieses provisorische Parlament durch ein aus Wahlen hervorgegangenes abgelöst.
Ende 1950 gab mein Vater sein Dresdner Ministeramt auf, der Umzug nach Berlin stand an; die Empfehlung einer Berliner Fraktionsfreundin brachte das Haus in Birkenwerder in der Karl-Marx-Straße in Sicht, das von der Witwe eines Druckmaschinenerfinders, Frau Adomszent, bewohnt wurde; sie war im Begriff, nach West-Berlin überzusiedeln, und überließ es meinen Eltern, die es als Dienstwohnung bezogen, zur Miete.
Dresden zurückzulassen fiel mir schwer, Schulfreunde blieben zurück, die nun dort auf die Oberschule kamen, auch ein Haus in der Nähe des Großen Gartens, das, drei Jahre zuvor bezogen, kleiner und wohnlicher war als das neue. Ich kam in eine Gegend von ganz andern und sehr viel spärlicheren kulturellen Überlieferungen als die sächsische Hauptstadt, in der sich trotz und inmitten aller Zerstörungen nach 1945 ein intensives Kulturleben entfaltet hatte. Aber natürlich: Berlin war nahe und damit Theater, Opernhäuser, Orchester und Museen von großer Strahlkraft.

Welche Erinnerungen haben Sie an Ihre Kindheit bzw. Jugendzeit in Birkenwerder? Was haben Sie dort unternommen, kennen Sie den Boddensee, den Briesesee oder den Summter See? Oder waren sie eher nach Berlin orientiert, konnten Sie dorthin fahren?

Birkenwerder war auch landschaftlich ein großer Kontrast zu der Elblandschaft um Dresden bis hin in die Sächsische Schweiz und ins Erzgebirge, wo ich viele Ferienaufenthalte verbracht hatte. Die Kiefernwälder, in die ich nun verschlagen war, hatten eine fernöstliche Anmutung, sie erinnerten mich an japanische und chinesische Szenerien.

Es war von unserm Haus in der Karl-Marx-Straße nicht weit in den Wald, und diesen Weg habe ich oft gemacht, er war mein ständiger Spaziergang; so ist mir die märkische Landschaft mit ihren Sandwegen – mit dem Fahrrad blieb man leicht stecken – und Kiefernstämmen, die erst hoch oben Nadelbüsche entfalteten, zunehmend nahegekommen, auch durch ihre Seen, in denen ich im Sommer badete, nachdem ich mir bei einem Ferienaufenthalt am Meer das Schwimmen beigebracht hatte. An den Briesesee kann ich mich nicht erinnern, an den Boddensee durchaus; an den Summter See fuhr ich im Sommer mit dem Fahrrad, allein oder in Gesellschaft.

Andererseits Berlin, für mich vor allem: Berlin-Mitte mit seinen Theatern und Opernhäusern. Mit der Nord-Süd-Bahn, die hinter Hohen Neuendorf den französischen Sektor durchquerte (Frohnau war die erste Station im Westen, und dort holte ich mir manchmal eine Illustrierte am Kiosk), war es, die Fußwege einbegriffen, eine Fahrt von einer Stunde. Ein Stück weiter war es in den Steglitzer Titania-Palast, der den Philharmonikern als Ausweichquartier diente; später konzentrierte sich das großartige Westberliner Konzertleben in der neuerbauten Konzerthalle der Charlottenburger Musikhochschule. In Mitte und in Dahlem kamen die großen Bildermuseen dazu.

Ich fuhr, wenn es die Schule zuließ, ziemlich viel nach Berlin, und so mag ich in der oberhavelländischen Landschaft manches Sehenswerte versäumt haben. Aber ich trat in einen Ruderclub ein, der am Nordrand von Birkenwerder auf der Havel trainierte, und versuchte im Vierer mit Steuermann falsche Schläge zu vermeiden.

Auch Birkenwerder hatte im schönen Rathaussaal unter der Ägide des örtlichen Kulturbunds kulturelle Attraktionen zu bieten, zu denen meine Eltern beitrugen, indem sie die Künstler vielfach hinterher in ihr Haus einluden; Kräfte ersten Ranges kamen dergestalt in den Ort.

Es muss 1962 gewesen sein, dass sich dort in einer Nachmittagsveranstaltung ein mit mir gleichaltriger Barde einstellte, der mir außerordentlichen Eindruck machte. Die Schüchternheit, die er im Gespräch an den Tag legte, verflog, als er die Gitarre zückte und zu singen anhob; es war Wolf Biermann, und er imponierte mir auch musikalisch.

Auch ein Prosaist der älteren Generation, der bei Schwerin wohnende Hans Franck, stellte sich ein und las aus seinen im Union Verlag erschienenen Büchern [u. a. „Marianne", Goethe-Roman 1955; „Friedemann. Der Sohn des Johann Sebastian Bach" 1964], die mich nur so lange fesselten, wie er selbst daraus vorlas.

Ein anderer Künstler, der in Sicht kam, war der in unserer Nachbarschaft lebende, mit meinem Vater fast gleichaltrige Maler und Fotokünstler Edmund Kesting. Er stammte aus Dresden, und seine freie, ungegenständliche Art der Formbehandlung war zweimal unter den Bann der Kulturpolitik geraten, nach 1933 und nach 1948 im Zuge der von Stalin ausgelösten Antiformalismus-Kampagne; 1953 hatte sie ihn seine Professur an der Kunsthochschule in Berlin-Weißensee gekostet. Mein Vater, Nothelfer in vielen Fällen, obschon er kein exekutives Amt innehatte, legte sich ins Mittel und half dazu, dass Kesting zwei Jahre später an der Babelsberger Filmhochschule eine Professur für Photographie erhielt, ein Feld, auf dem er, so in Gestalt doppelbelichteter Porträts, folgenreiche Neuerungen praktizierte. An Fest- und Feiertagen stellte er sich bei meinen Eltern häufig mit kleinen Widmungsblättern ein; zu seinem 75. Geburtstag gab es im Rathaus von Birkenwerder eine Ausstellung seiner Werke.

1955 haben Sie in Oranienburg das Abitur abgelegt. Sind Sie noch in Birkenwerder zur Schule gegangen oder gleich mit dem Umzug in Oranienburg? Wie haben Sie Ihre Schulzeit in Erinnerung?

Nicht Birkenwerder, sondern Oranienburg wurde, nachdem ich in Dresden die Grundschule mit der 8. Klasse abgeschlossen hatte, der Ort meiner oberhavelländischen Schulzeit; der Umzug fiel mit dem Schulwechsel zusammen. Die Oberschule, die noch nicht „erweiterte" hieß und den Namen eines berühmten Chemikers, Friedlieb Ferdinand Runges, trug, war ein schöner Bau aus dem Jahre 1913. Auch hatte diese große graue Schule den Vorteil, unmittelbar am Bahnhof zu liegen.
Die Schulfahrt mit der S-Bahn dauerte eine Viertelstunde und wurde zumeist mit Skatspielen gefüllt. Es dauerte ein bisschen, bis ich das Reizen kapiert hatte; danach konnte ich dieses schöne Spiel auch meinem Vater beibringen, für den es im Drang mannigfacher Arbeitsüberlastung eine wirkliche Erholung wurde.
Mehr als er war meine Mutter in das Leben des Ortes integriert; als einer Pfarrerstochter, die an der Wesermündung mit drei Geschwistern aufgewachsen war, war ihr das soziale Talent gleichsam in die Wiege gelegt. In jungen Jahren hatte sie eine Berufsausbildung ertrotzt, wie sie in diesen Jahren in bürgerlichen Kreisen noch keineswegs üblich war; mit Charme und Esprit stand sie einem Hauswesen vor, das spezifische Anforderungen stellte. Wie jeder andere Haushalt war auch der unsrige den Versorgungsschwierigkeiten ausgeliefert, die sich im Spannungsfeld von HO, Konsum und privaten Geschäften ergaben; die Abschaf-

fung der Lebensmittelkarten war in den 1950er Jahren ein markantes Datum.

Mit seinen sechstausend Einwohnern war Birkenwerder – 1955 beging man mit einem Umzug die 500-Jahr-Feier – weder Stadt noch Dorf, sondern etwas zwischen beiden, mit drei architektonischen Hauptpunkten, die weit auseinander lagen: dem Bahnhof, dem im Tal gelegenen Rathaus und einer jener geklinkerten Kirchen, mit denen die preußische Staatskirche das Land im 19. Jahrhundert vielfach bestückt hatte. Der Pfarrer, der hier waltete und mit dessen Söhnen ich mich befreundete, hieß Nicklas und führte mich in die Anfangsgründe des Französischen ein.

Die Klasse, in die ich in Oranienburg kam (ich hatte den naturwissenschaftlichen Zweig gewählt, was den Nachteil hatte, nur Russisch und Latein, nicht aber Englisch und Französisch zu lernen), war rundheraus erfreulich – eine gemischte Klasse aus zwanzig bis fünfundzwanzig Schülern, unter denen die Mädchen in der Minderzahl waren. Die Mädchen nett, die Jungen von jener nüchternen Zuverlässigkeit, die als ein märkischer Wesenszug gelten kann.

Mit fünf in Birkenwerder wohnenden Klassenkameraden ergab sich ein Verbund, der auf einen aus unsern Vornamen – Peter, Fritz, Hans, Karl-Heinz und Bruno – gebildeten Cliquennamen hörte: Pefrihakabru. Manchmal erkletterten wir eine hohe Tanne im Vorgarten unseres Hauses und manchmal tat ich das allein, bis meine besorgte Mutter – ich mochte in schwindelerregender Höhe verschwunden sein – die unteren Äste kappen ließ. Trieb mir die neu formierte Klasse Anflüge des Sächsischen aus, die ich, obschon meinen norddeutschen Eltern die dortige Mundart ferngeblieben war, aus Dresden mitgebracht hatte? Ich halte es für möglich, wir erzogen uns gegenseitig.

Nach dem 10. Schuljahr, dessen Abschluss im Frühsommer 1953 mit der Erlangung der Mittleren Reife verbunden war, galt es in der Rungeschule eine Reihe schriftlicher und mündlicher Prüfungen, in die der 17. Juni platzte. Zu den Oranienburger Prüfungen

musste ich mit dem Fahrrad fahren; die Verhängung des Belagerungszustands hatte den S-Bahn-Verkehr für mehrere Tage ausgesetzt.
Ich war ein guter Schüler und brachte es am Ende des 12. Schuljahrs zu einer silbernen Lessing-Medaille, die goldene verfehlend, da ich es, die 4 in Turnen durch Leichtathletik und Fußball ausgleichend, in Sport nur zu einer 2 gebracht hatte. In Dresden hatte ich nur auf der Straße Fußball spielen können, hier, in Oranienburg, gab es auf dem Schulgelände einen richtigen Sportplatz; nichts habe ich später so vermisst wie diese Möglichkeit körperlichen Ausgleichs im Team.
Denn bei allem Einzelgängertum war ich auch ein Teamplayer und fungierte über mehrere Schuljahre als Klassensprecher, auch, als unser Schulleiter, Salewski mit Namen, ein hochgewachsener Mann mit fleischigem Gesicht, 1955 auf den Gedanken kam, den männlichen Teil der Klasse zu einer kollektiven Verpflichtung zum Eintritt in die neugegründete Kasernierte Volkspolizei, eine Vorstufe der NVA, zu bewegen. Meinem Vater gelang es, der absurden Aktion einen Riegel vorzuschieben.
Es war ein sehr kameradschaftliches Verhältnis in dieser Oranienburger Klasse, und es festigte sich alljährlich, wenn wir im Oktober zur Kartoffellese auf die Äcker des oberen Havellands geschickt wurden; gebückt liefen wir der rotierenden Erntemaschine hinterher und brieten abends die Kartoffeln im abgeernteten Kartoffelkraut, dessen Rauch genauso roch wie die Zigarren meines Vaters – Verwandtschaft der Nachtschattengewächse. Mir scheint, diese Ernteausfahrten waren meine intensivste Berührung mit der märkischen Landschaft, bevor ich es zwei Jahrzehnte später mit meiner Frau zu einem Feriengrundstück in der Nähe von Erkner brachte.

Nach dem Abitur 1955 haben Sie in Leipzig studiert, und seit 1963 lebten Sie als freischaffender Schriftsteller erst in Birkenwerder, dann in Berlin. Waren Sie häufig in Birkenwerder bei

Ihren Eltern zu Besuch? Haben Sie heute noch Kontakte dorthin oder nach Oranienburg?

Eine kleine Berliner Wohnung gab mir von der Mitte der 1960er Jahre an einen – allerdings viel genutzten – Gaststatus im Elternhaus. Doch habe ich große Teile meines ersten Buches, eines veritablen Fünf-Pfünders [„Karl von Appens Bühnenbilder am Berliner Ensemble", Berlin 1971], der erst erscheinen konnte, nachdem die Regierung – die Ulbrichtsche – gestürzt war und die Kulturpolitik freundlichere Saiten aufzog, an meinem Birkenwerderer Schreibtisch zu Papier gebracht, der zuvor mein Dresdner gewesen war und nun schon lange in Berlin-Treptow steht. Auch die Schreibmaschine, eine alte Adler aus dem Besitz eines Hamburger Onkels, ist noch dieselbe.

Vor einigen Jahren bin ich wieder in der alten Gegend gewesen, in der ich prägende Jahre verbracht hatte. Der Besuch einer Ausstellung im neuerstandenen Oranienburger Schloss im Verein mit alten Schulfreunden, meinen Klassenkameraden Karl-Heinz Palm, dem Chemiker, und Udo Semper, dem widerständigen Ingenieur, der 1990 Bürgermeister in Oranienburg geworden war, ließ alter Tage gedenken und die neue Zeit loben, deren Ufer wir auf je eigene Art erreicht hatten.

Hatten/haben Sie Kontakte zu Schriftstellerkollegen oder zu anderen Künstlern in Oberhavel? Haben Sie dort Lesungen absolviert?

Gelesen habe ich im oberhavelländischen Kreis erst einmal, im Juni dieses Jahres im Lehnitzer Friedrich-Wolf-Haus aus meinem zum Reformationsjahr erschienenen Buch „Luther im Spiegel", das ein außerordentlich aufgeschlossenes Publikum fand. Tatjana Trögel, eine Enkelin Friedrich Wolfs, führte mich durch das Haus, das den kargen Geist der frühen 1950er Jahre bewahrt hat;

sie wusste manch interessante Einzelheit auch aus ihrem Leben zu erzählen.

Jürgen Rennert [der von 1952 bis 1994 in Hohen Neuendorf lebte] ist ein hochgeschätzter Kollege, dem ich in alter und neuer Zeit begegnet bin, in den 1990er Jahren bei den Ausstellungen des Kunstdiensts der Evangelischen Kirche, die er im Berliner Dom betreute. Und in der innerberlinischen Friedrichstadt-Gemeinde, die in einem alten, einst von Friedrich Schleiermacher bewohnten Haus Lesungen und Konzerte veranstaltet, haben wir uns wiedergetroffen.

Auch Wieland Förster, den Bildhauer und Schriftsteller, kenne ich von langer Hand; ich bin leider nie dazu gekommen, ihn in Wensickendorf zu besuchen. Aber in Berlin haben wir uns in den 1990er Jahren mehrfach getroffen; in Dresden, unserer Heimatstadt, die ihm nach dem Krieg übel mitgespielt hatte, spielte er eine besondere Rolle bei der Gründung der Sächsischen Akademie der Künste, in die ich ebenfalls einbezogen war. Diese Neugründung auf dem Gebiet des wiedergegründeten Freistaats war uns beiden wichtig; in Dresden hat sein Werk auch eine umfassende museale Heimstatt gefunden.

Volker Braun ist ein Freund, von dem ich nicht zu sagen wüsste, wann wir uns eigentlich kennengelernt haben. Man las einander, und eines Tages lernte man sich kennen und wirkte zusammen. Im Dezember 1990 wollten wir im Verbund mit anderen allen Ernstes eine Wochenzeitung namens „Die Woche" gründen, ein geistiges Podium im sich überschlagenden Umbruchprozess; der Traum verblasste binnen weniger Wochen. In seinem Schildower Haus haben meine Frau und ich die Brauns einmal besucht, aber dieser Holzbau ist ein Refugium, ein Arbeitsasyl; meist sehen wir uns in Berlin.

September 2017

Vielen als Journalistin bekannt ist die Schildowerin **Rotraut Wieland**. Jahrelang berichtete sie für die „Märkische Allgemeine" über kulturelle Veranstaltungen in Oberhavel und porträtierte Künstler.

Sie hat aber auch Gedichte veröffentlicht, 1977 den Band „Ich hab einmal Suleika geheißen" und 1982 „Napoleon und ich", jeweils im Mitteldeutschen Verlag Halle/Saale.

Beide Bücher erlebten mehrere Auflagen, was bei Gedichten nicht selbstverständlich ist.

Ihre Art zu dichten gefiel den Lesern, sie sprach – mit allen Mitteln der Poesie – unmittelbar aus, was sie dachte und fühlte. Mit ihrer fein nuancierten Sinnlichkeit erinnert sie ein wenig an den Hohen Neuendorfer Lyriker Wolfgang Tilgner.

Eines ihrer Gedichte spielt in Schildow: „Kleiner Ort bei Berlin". Hier geht alles seinen gewohnten Gang, „übers Jahr kommt noch der Scherenschleifer", am 1. Mai und am 7. Oktober hängt der Vater die rote Fahne heraus und die „alten Frauen vorm Konsum erzählen sich eins".

Im Sommer und am Wochenende ist auch nicht viel los, im Gegenteil, der Sonntag „geht gähnend durch den Ort", und die Dichterin, eine junge Frau, fährt „ganz gern Rad,/das Haar bis zum Rockrand offen", darauf hoffend, dass die Autofahrer hupen, „verrückt wie die Kerle sind."

Das ist eigentlich schon alles, „nachher kommt noch dies und das. Ein winziger/Bahnhof. Ein paar Kneipen. Ein Kiessee./Gras, das grünt und vergilbt." Und am Montag „wieder der Briefträger."

Den Bahnhof der ehemaligen „Heidekrautbahn", erbaut 1901, gibt es heute noch, zumindest das Gebäude. Er sieht etwas heruntergekommen aus. Und den Kiessee in Mönchmühle natürlich auch, er ist freilich keine wilde Badestelle mehr, sondern wird bewirtschaftet. Eintritt 3,- Euro. Dafür wurde eine Beachzone eingerichtet und man kann sanitäre Anlagen nutzen. Wasserqualität Stand 2014: „Ausgezeichnet".

Alltag also, ruhig, friedlich, beschaulich, für junge Leute eher langweilig – so wie viele ihn vielleicht noch erlebt haben, die in einer Berliner Randgemeinde in den 1960er, 70er oder 80er Jahren aufgewachsen sind.
Und doch liegt eine gewisse Spannung in der Luft, das macht den Reiz des Gedichtes aus. Kommt sie, die junge Frau, am Konsum vorbei und die Alten „lächeln säuerlich wie ein Heringsfaß", kann sie sich auch vorstellen, sich „neu einzurichten" und den Teppich vor ihrem Bett „mit Kanonen [zu] bestücken".
Trügt die Idylle?

Ein zweites Gedicht, das im Ort spielt bzw. sich auf ihn bezieht, schrieb **Volker Braun**: „In Schildow".
Braun, der 1939 in Dresden geboren wurde, ist heute einer der bedeutendsten deutschsprachigen Autoren.
Nach dem Abitur 1957 war er Druckereiarbeiter und anschließend für zwei Jahre Tiefbauarbeiter im Gaskombinat Schwarze Pumpe in der Lausitz und Maschinist im Tagebau Burghammer.
Von 1960 bis 1964 studierte er Philosophie an der Universität in Leipzig.
Bereits mit seinem ersten Buch, dem Gedichtband „Provokation für mich" (1965), erregte er Aufsehen, löste er viele Diskussionen aus.
„Kommt uns nicht mit Fertigem!", so lautete eine viel zitierte Verszeile. Für Braun war Poesie von Anfang an nicht nur schön, sondern vor allem „Beteiligung" und ein Versuch, Lyrik als nichtmonologisches, öffentliches Sprechen zu praktizieren, als „Gegensprache" zur herrschenden und „Vorgang zwischen Leuten".
Von 1965 bis 1967 arbeitete er auf Einladung von Helene Weigel als Dramaturg am Berliner Ensemble und seit 1972 am Deutschen Theater in Berlin, ab 1979 war er wieder am Berliner Ensemble tätig.

1976 gehörte er zu den Mitunterzeichnern der Protestresolution gegen die Ausbürgerung Wolf Biermanns.
Seine Werke zeichnen in dieser Zeit zunehmend das Bild eines deprimierenden Lebens in der DDR. Sein „Hinze-Kunze-Roman" wurde bei Erscheinen 1985 scharf kritisiert. Andererseits erhielt er 1988 den Nationalpreis der DDR.
Von 2006 bis 2010 leitete er an der Akademie der Künste in Berlin die Sektion Literatur.
Geehrt wurde er u. a. mit dem Heinrich-Heine-Preis 1971, mit dem Lessing-Preis 1981, mit dem Bremer Literaturpreis 1986, mit dem Georg-Büchner-Preis 2000, mit dem Kunstpreis der Landeshauptstadt Dresden 2012 und mit dem Prix international Argana de la Poésie (Marokko) 2016.
Das Land Brandenburg zeichnete ihn 1998 mit dem Erwin-Strittmatter-Preis aus.
Seit Ende der 1990er Jahre lebt er in Schildow (und in Berlin), nachdem er dort bereits zuvor ein Grundstück besaß.
Sein Werk umfasst Gedichte („Gegen die symmetrische Welt" 1974, „Training des aufrechten Ganges" 1979), Theaterstücke („Großer Frieden" 1976, „Die Übergangsgesellschaft" 1982), Romane („Machwerk oder Das Schichtbuch des Flick von Lauchhammer" 2008) und Erzählungen („Unvollendete Geschichte" 1974, „Die hellen Haufen" 2011).
2009 erschienen die „Werktage I. Arbeitsbuch 1977-1989" und 2014 „Werktage II. Arbeitsbuch 1990-2008", in denen er sein Leben und seine schriftstellerische Arbeit in kurzen Notaten festhält.
Eine Rolle spielt darin auch sein Wohnort Schildow. Am 25.12.1998 notiert er zum Beispiel, dass er zum ersten Mal „im Büdchen", dem finnischen Holzhaus, übernachtet habe, in dem „es sich aushalten läßt, zu zweit, mit freunden, oder allein."
Und wenige Tage später, am 31.12.1998, „besteht der ländliche hausstand", nachdem noch „gekocht, geputzt und gehämmert wurde, den ersten ansturm", dem Besuch der Freunde und

Schriftstellerkollegen, unter ihnen Christa Wolf und Friedrich Dieckmann.
Auch in der Natur ist der Dichter zu Hause. „es ist kalt, die sonne scheint, durch die kahlen uferbüsche flimmert das windbewegte wasser des tegeler fließes, das sich im köppchensee staut", notiert er am 2.4.2003, und am 23.1.2005 heißt es: „grauer tag. am mittag kommt die sonne durch, wir walken mit den stöcken. in lübars geschrei am himmel, große krähen sitzen in den bäumen. [...] sie fallen zu hunderten in die schildower wiesen."
In dem Gedicht „In Schildow" nun, das er 2002 schrieb und 2005 in dem Band „Auf die schönen Possen" veröffentlichte, thematisiert Volker Braun die Mauer bzw. das, was von ihr noch übrig geblieben ist.
Angekündigt hatte es sich, wenn man so will, bereits im „Werkbuch"-Eintrag vom 10.1.2001. „seit der vereinigung wohne ich auf der grenze. hier stießen west- und ostberlin und brandenburg zusammen. fünfzig schritte hin stand ein wachturm. [...] naturschutzgebiet: hier wurde der staat bewacht. im birkenstamm steckt noch stacheldraht."
„Auf dem Kolonnenweg/Schleich ich/An den Hacken/Die Stiefelspitzen//Aus dem See starrt/Bei Niedrigwasser/Die Friedensgrenze", so heißt es im Gedicht. „Und das Stelenwäldchen:/Beton, altert selber/Die Unnatur."
„Immer die Mauer", erinnert der Dichter, „Neben mir in den Boden gesunken/Ich springe hinüber herüber./Die Zeitalter wehen am Weltrand."
Das „kleine" Gedicht hieße besser „Kolonnenweg", gibt Volker Braun auf Nachfrage zu Bedenken, aber den Titel habe sein Kollege Richard Pietraß besetzt. Was es aussagt, „ist die Empfindung seines Moments, man muß daraus keine Konfession machen."
Freilich gehöre die Geschichte, Geschichtserfahrung zum Alltag, „es ist eine normale Last. Sich ihr zu stellen oder von ihr gestellt zu werden, in Gestalt von Resten Stacheldrahts oder versunkner Betonpfosten, ist nicht belastend, es ist eine willkommene Be-

gegnung. Es ist eine nähere Bekanntschaft mit dem Ort. Und man muss tiefer graben ..."

Volker Braun, in Dresden geboren, gewohnt und gearbeitet in Berlin, nun (auch) ein Brandenburger?

„Wer ist kein Brandenburger, wenn er Kleists ‚Michael Kohlhaas' gelesen hat? Wem wäre dieser ausrastende Roßhändler, ‚einer der rechtschaffensten zugleich und entsetzlichsten Menschen seiner Zeit', nicht ans Herz gerückt? Zudem liegt Preußen breit zwischen Sachsen und der See, unumgänglich. Hier haben wir als Kinder am Silokanal geangelt und als Studenten in Krummensee auf dem Acker gelegen, hier habe ich mit einer Brigade Betonrohre gelegt und in rollender Woche den Tagebau Burghammer aufgeschlossen. Es ist durchfahrene und ‚durchgearbeitete Landschaft', unweigerlich Heimat geworden. Hier lief unsere Tochter schwanger durch die Wiesen, und der Enkel durchmißt mit Story Running die blühende Flur. Und unweigerlich hat Brandenburg als *Ort der Handlung* gedient, im ‚Hinze-Kunze-Roman' reiten Herr und Knecht resp. rollen Funktionär und Fahrer durch die preußische Prärie, und im ‚Staub von Brandenburg' [dem Stück von 1997] nimmt der entlassene Landschlosser Klaus Wildführ alles hin, einer der selbstgerechtesten und harmlosesten Menschen unserer Zeit."

Anhang

Herrn
Wilm Weinstock
Hohenneuendorf b/Berlin
Eichenallee 36 a

30.7.1957

Sehr geehrter Kollege Weinstock,

über einige Umwege wurde mir von dem Gerücht, ich sei nach Westdeutschland geflüchtet, berichtet. Als letzter sagte mir der Kollege Döderlin, daß er diese natürlich falsche Nachricht von Ihnen gehört hätte. Da ich entschlossen bin, den Verbreiter solcher Gerüchte zu stellen, bitte ich Sie höflichst, mir umgehend mitzuteilen, von wem (es ist die Rede von einem Studenten) Sie dieses Gerücht gehört haben.

Ich hoffe, Ihre Antwort bald zu haben und bin mit kollegialem Gruß
Ihr

Franz Fühmann

Privatbesitz, bislang unveröffentlicht

Quellen und weiterführende Literatur

Fabian, Franz (Hrsg.): Schriftsteller des Bezirks Potsdam, 1987

Märkische Dichterlandschaft. Ein illustrierter Literaturführer durch die Mark Brandenburg. Hrsg. von Peter Walther. Deutsche Verlags-Anstalt Stuttgart 1998

Greßmann, Uwe: Lebenskünstler. Verlag Philipp Reclam jun. Leipzig 1982

Loerke, Oskar: Tagebücher 1903-1939. Hrsg. von Hermann Kasack. Suhrkamp Taschenbuch 1986

Beheim-Schwarzbach, Martin: Christian Morgenstern. In Selbstzeugnissen und Bilddokumenten. Rowohlt, Reinbek bei Hamburg 1964 (Rowohlts Monographien)

Neumann, Gert: Verhaftet. Dresdner Poetikvorlesung 1998. Thelem Universitätsverlag, Dresden 1999

Kurt Drawert. Text + Kritik 213. Zeitschrift für Literatur. München 2017

Kebir, Sabine: Frauen ohne Männer? Selbstverwirklichung im Alltag: Elfriede Brüning. Leben und Werk. Aisthesis Verlag Bielefeld 2016

Nachbemerkung

Oberhavel, eine Region, in der erstaunlich viele Autoren ihre Spuren hinterlassen haben. Dabei habe ich noch nicht einmal alle Namen aufgeführt, was zuerst daran liegt, dass in einigen Fällen die Quellen unsicher oder sehr spärlich sind.
Ein Beispiel ist Paul Heinzelmann (1888-1961), ein Schriftsteller, Drucker und Verleger. Er war „um 1922/23 im Rahmen der Verwirklichung seiner lebensreformerischen Ideale am Aufbau einer autarken Lebens- und Erziehungsgemeinschaft am Boddensee bei Birkenwerder beteiligt." (Wikipedia)
Ina Reck, geborene Viktorine Helene Natalie von Grumbkow (1872-1942), eine Reiseschriftstellerin („Isafold. Reisebilder aus Island" 1909, „Mit der Tendaguru-Expedition im Süden von Deutsch-Ostafrika" 1925), „zog sich nach dem Tod ihres Mannes auf afrikanischem Boden im Jahr 1937 für immer nach Deutschland in die gemeinsame Villa in Glienicke bei Berlin zurück und verstarb dort unglücklich und vereinsamt während der Zeit des Zweiten Weltkrieges 1942. Ihre Grabstelle ist nicht bekannt."
Erwin Albrecht (1897-1971) schließlich, laut einer Quelle bis 1933 Mitarbeiter der KPD-Zeitung „Die Rote Fahne", liegt auf dem Friedhof in Summt begraben. Antiquarisch finden wir von einem Autor dieses Namens die Bücher „Der lachende Lautsprecher: Ein lustiges Unterhaltungsbuch mit Versen, Szenen und allerlei Allotria" (1938) und „Wer heiratet Grete Schmidt? Kleiner Roman um eine Rundfunkstimme" (1941).
Dankbar bin ich für jeden Hinweis, der den Oberhavel-Bezug dieser Schriftsteller präzisiert oder erweitert, aber natürlich auch für Ergänzungen und Korrekturen hinsichtlich der Autoren, die bereits ihren Platz in diesem Manuskript gefunden haben.
Und vielleicht habe ich sogar den einen oder anderen übersehen oder kenne ihn noch nicht oder er tritt erst in den nächsten Jahren in Erscheinung.

Was mir bei allen biographischen Details wichtig ist: dass ihre Texte, ihre Bücher gelesen werden. Literatur ist nur lebendig in den Händen der Leser.

Roland Lampe, 2017

Verzeichnis der Autoren

Barthel, Kurt (genannt **Kuba**, 1914-1967), wohnte zu Beginn der 1950er Jahre in Hohen Neuendorf *21-24*
Bieler, Manfred (1934-2002), war mit dem Lyriker Wilm Weinstock in Hohen Neuendorf befreundet, ein Kapitel seines „Romans „Ewig und drei Tage" spielt in Weinstocks Haus *39/40*
Braun, Volker (geb. 1939), lebt seit Ende der 1990er Jahre in Schildow *104-107*
Brüning, Elfriede (1910-2014), schrieb 1948 eine Reportage über ein Internat in Hohen Neuendorf, wohnte von 1949 bis 1953 in Birkenwerder, recherchierte 1953 für ihren Roman „Regine Haberkorn" im LEW in Hennigsdorf und besaß bis in die 1980er Jahre ein Grundstück in Zühlsdorf *87-92*
Dieckmann, Friedrich (geb. 1937), kam 1951 nach Birkenwerder, ging bis 1955 in Oranienburg zur Oberschule *92-102*
Döderlin, Karl-Reinhold (1917-2004), lebte seit 1952 in Hohen Neuendorf, verstarb hier auch *41-44*
Drawert, Kurt, wurde 1956 in Hennigsdorf geboren u. wuchs von 1962 bis 1967 in Hohen Neuendorf auf *64-68*
Greßmann, Uwe (1933-1969), war von 1940 bis 1942 in einem Kinderheim in Hohen Neuendorf *17-20*
Koseleck, Wera, 1952 in Hohen Neuendorf geboren *27*
Krüger, Adolf (1819-1902), lebte seit 1889 in Stolpe u. starb hier *68, 71*
Krug, Manfred (1937-2016), Sänger, Schauspieler und Autor, wuchs, mit Unterbrechungen, in Hennigsdorf auf *8-12*
Lahn, Wilhelm (1832-1907), war Lehrer in Stolpe von 1855 bis 1896 und verbrachte seine letzten Lebensjahre in Hohen Neuendorf *68-71*
Loerke, Oskar (1884-1941), besaß seit 1930 ein Haus in Berlin-Frohnau, war oft auf Spaziergängen auf dem Stolper Feld unterwegs *78-81*

Morgenstern, Christian (1871-1914), absolvierte im Winter 1905/06 eine Kur in Birkenwerder *81-86*
Müller, Heiner (1929-1995), war ebenfalls mit Wilm Weinstock befreundet und in den 1950er Jahren häufig bei ihm zu Besuch *38*
Neumann, Gert (geb. 1942), wuchs seit seinem neunten Lebensjahr in Hohen Neuendorf auf, lernte von 1957 bis 1960 Traktorist in Schönfließ *32-35*
Neumann, Margarete (1917-2002), lebte von 1951 bis 1961 mit ihren vier Kindern in Hohen Neuendorf in der Niederheide *28-32*
Pohl, Martin (1930-2007), wohnte von ca. 1951 bis 1953 in Hohen Neuendorf *27/28*
Rennert, Jürgen (geb. 1942), lebte von 1952 bis 1995 in Hohen Neuendorf *55-60*
Rosenkranz, Heinz (1924-2008), besaß ein Haus in Stolpe u. verstarb in Hohen Neuendorf *77/78*
Schmidt, Marianne (geb. 1929) u. **Schmidt, Konrad** (1926-1995), wohnten 1951/52 in Hohen Neuendorf in der Niederheide *24-27*
Schwede, Alfred Otto (1915-1987), lebte seit 1976 in Hohen Neuendorf *44-50*
Tilgner, Wolfgang (1932-2011), in Hohen Neuendorf seit 1975, verstarb hier auch *50-54*
Toaspern, Paul (1924-2012), wohnte seit 1962 mit seiner Familie in Hohen Neuendorf in der Hubertusstraße *60-63*
Vogel, Felicitas Christine (geb. 1954), wuchs von 1961 bis 1971 in Hohen Neuendorf auf *63*
Vogel, Renate (1942-2006), 1984 bis 2004 Pastorin in der Kirchengemeinde Hohen Neuendorf/Stolpe *72-76*
Weber, Jakob (1892-1979), thematisierte in seinem Buch „Der Weg der Brüder Reber" (1960) die Streikbewegung der Arbeiter in Berlin und Hennigsdorf von 1916 bis 1920 *13-16*

Weinstock, Wilm (1905-1981), lebte seit Anfang der 1950er Jahre in Hohen Neuendorf in der Eichenallee, verstarb in Hennigsdorf *36-41*
Wieland, Rotraud, lebt in Schildow, schrieb das Gedicht „Kleiner Ort bei Berlin" *103/104*

Roland Lampe wurde 1959 in Berlin-Weißensee geboren. Aufgewachsen ist er in Hohen Neuendorf; in Oranienburg besuchte er von 1974 bis 1978 die Erweiterte Oberschule „F. F. Runge" und legte dort das Abitur ab. Heute lebt er in Berlin-Wedding.
Regelmäßig sucht er seine „alte Heimat" auf, um über ihre Schriftsteller zu schreiben, u. a. für den „Oranienburger Generalanzeiger", die „Märkische Allgemeine" und die „Brandenburger Blätter" (Beilage der „Märkischen Oderzeitung").
Als Schriftsteller veröffentlichte er zuletzt den Roman „Seitenflügel" (2012) und die Gedichte „Gelegentliche Einfälle von Licht" (2014).
Siehe auch www.rolandlampe.de.

www.ingramcontent.com/pod-product-compliance
Lightning Source LLC
Chambersburg PA
CBHW050111230526
45470CB00004B/1782